노교수가 바라본 한국 상담계의 현실

심리상담의 虛와 實

장성숙 지음

학지사

이론과 현실의 격차에서
난감해할 후학들에게

상담심리학자이자 교수와 상담자로서 생활해 온 지 어느덧 30년이나 흘렀다. 이러한 세월을 거치며 여러 변곡점들이 있었는데, 돌이켜보니 모두가 나를 좀 더 나은 상담자로 발전시키는 징검다리들이었지 않나 싶다. 어떤 점에서 내 삶의 행로는 상담자로서의 발전과 궤를 같이하는 것이었다.

쌀이 귀했던 시절 송홧가루를 가져와 어머니에게 쌀로 바꿔가던 어느 아주머니가 옆에서 알짱거리는 나를 보고 "따님은 나중에 커서 의사가 되겠네요"라고 말한 적이 있다. 하지만 나는 커가면서 신기를 지녔던 그 아주머니의 말이 틀렸다고 생각했다. 일찍이 부모를 떠나 서울에서 생활했던 나는 외롭던 차에 소설에 빠져 살았고, 학부에서는 문학을 전공했기 때문이다. 우여곡절 끝에 심리학을 공부하게 되면서 나는 우연찮게 상담의 주요 접근법들인 인간중심상담, 정신분석, 인지행동치료를 두루 섭렵하는 기회를 가졌다. 외국인 선교사를 통해 인간중심상담과 참만남 집단상담(encounter group)에 매료되어 상담 공부를 시작했고, 대학원에 입학해서는 빠른 발돋움을 위해 교육분석을 시작해 정신분석을 익혔다. 그리고는 대학교에서 상담자로 활동하면서 단기상담의 필요성을 느껴 인지행동치료를 배우기 위해 유학을 떠났다.

아마 내가 교수로 임용을 받고 학교에서 연구에만 몰두했더라면 상담 실무에 대해서는 그리 밝은 눈을 갖기 어려웠으리라 생각한다. 교수로 재직하면서 상담이 응용 분야인 만큼 실무에 대한 감각을 유지하자는 취지에서 상담을 실시한 것인데, 내담자들이 많아졌으며 그들이 가지고 오는 문제는 여간 도전적인 것들이 아니었다. 그러면서 알게 된 점은 내담자들이 절실히 원하는 것은 대체로 당면한 문제에 대한 해결이라는 사실이었다.

표면적인 문제는 내담자가 스스로 풀어가기를 바라며 내면적 갈등에 역점을 두고자 했던 나로서는 난감했다. 내담자들이 필요로 하는 해결방안을 모색하려면 현실적인 안목을 갖춰야 하는데 그것이 턱없이 부족했기 때문이다.

이러한 난관을 극복하기 위해 의외의 분을 만나 자문을 받기 시작했고, 그때부터 나는 양 날개를 단 듯 탄력 있는 상담을 할 수 있었다. 한 손에는 분석적 틀을 쥐고, 다른 한 손에는 현실적 기준을 갖췄기 때문이다.

본분이 교수인지 아니면 상담자인지 헷갈릴 정도로 나는 수많은 내담자들 속에 파묻혀 살다시피 했다. 그러면서 나는 내담자가 자신의 문제를 스스로 풀도록 기다려야 한다는 기존의 입장에 회의를 품기 시작했고, 내담자가 원하는 바에 대해 대개의 상담자가 안이하게 대처한다는 비평의 시각을 가지게 되었다.

상담 과정에서 상담자가 적극 개입해야 하는 이유를 나는 문화 변인에서 찾는다. 기존의 상담 이론들은 서양인들의 가치에 근거해 만들어진 것이어서 우리에게 딱 들어맞지 않는다. 기존의 상담 이론에 녹아 있는 문화보편적인 요소는 받아들이되, 서양 사회의 문화특수적인 요소는 우리 사회의 문화특수적인 것으로 교체할 필요가 있다고 여긴다. 결국 나는 한국적 상담 모형으로 '현실역동 상담'을 제안하기에 이르렀다. 이것은 상담의 양대 축으로서 두 가지를 제안한다. 하나는 현재에 초점을 두어야 한다는 '상담의 현재화', 또 하나는 상담자가 적극 개입할 필요성을 의미하는 '상담자의 어른 역할'이다.

우리 문화권에서는 어른 존중 문화가 있어서인지, 아니면 단기상담이 세계적인 추세이기 때문인지, 여하튼 상담의 실제에서 나의 접근에 대한 내담자들의 만족도는 높았다. 상담이 두 가지의 고리, 즉 '문제의 뿌리에 대한 이해' 그리고 '해결방안에 대한 제시'가 어우러져야 만족할 만한 성과를 낸다는 관점은 호응을 받기 시작했다.

하지만 상담계 안에서의 반발은 만만치 않았다. 상담에서 중시하는 것은 내담자의 자율성 내지는 독립성인데 그것에 반한다는 것,

즉 내담자를 의존적으로 만든다는 것이 이유였다. 하지만 나는 애착관계를 잘 맺었던 자가 분리불안을 덜 느끼게 마련이라며, 내담자에게 충분한 힘이 생기면 의존하라고 해도 독자적으로 행동하고 싶어 하기 마련이라고 맞섰다.

아마 내가 현직교수로 재직했기에 망정이지 그렇지 않았다면 벌써 파문을 당했을지도 모른다. 누가 뭐래도 나는 소신과 철학을 가지고 정말 원도 한도 없을 정도로 많은 상담을 해왔다. 그리고 이런 과정에서 나 자신도 많이 성장했던 게 사실이다. 나에 대해 '장칼'이라는 별명이 붙고 '비주류'니 '사이비'니 하는 식의 비난이 무수히 쏟아졌지만 개의치 않았다.

다만 아쉬운 게 있다면 상담활동에 열중하느라 교수로서 학교생활에 소홀했다는 점을 들 수 있다. 하지만 그렇게 현장 경험에 치중했던 연유로 기존의 상담 이론들이 한국의 풍토나 정서에 그다지 맞지 않는다는 사실을 발견할 수 있었고, 그리하여 한국인에게 적합한 상담 이론을 제안할 수 있었다고 본다.

2018년 퇴임을 맞아 상담교수직을 접으면서 그동안 교수로서, 상담자로서 활동해 오며 보고 느꼈던 점을 이 책에 정리해 봤다. 상담자의 눈에 비친 우리 사회의 흐름을 담아내려고 했으며, 상담계가 안고 있는 허점과 상담의 장점에 대해 살펴보고자 했다. 어떤 점에서는 함께 고개를 끄덕일 수도 있고, 어떤 점에서는 불편함을 느낄 수도 있으리라 본다.

사실, 나는 '상담의 허(虛)와 실(實)'을 주제로 글을 쓰면서 예전에 어느 신기 있던 아주머니가 "따님은 나중에 커서 의사가 되겠네요"라고 했던 말을 문득 떠올렸다. 의학도가 아니었어도 사람의 마음을 고치는 치료자 역할을 해왔으니 그 말이 틀린 것은 아니구나 싶어 빙그레 웃음 짓는다.

예수님이나 부처님과 같은 성현들께서도 드높은 가르침을 펴면서 병들고 괴로워하는 자들을 만나면 치료자 역할을 하셨기 때문에 '대의왕(大醫王)'이라 불렸다고 한다. 불현듯 상담자도 내담자의 심리적 안정을 도모함으로써 성현들이 하시던 일을 부분적으로나마 맡고 있다는 사실을 깨달았다. 그렇게 엄청난 일을 하고 있었다는 사실에 나는 문득 부끄러움과 숙연함을 느낀다.

사실 우리 주위에는 마음의 병을 앓는 사람들이 무수히 많다. 병리성이 심한 사람들은 지체 없이 전문 의료기관으로 넘겨야 하지만 그것이 여의치 않을 경우도 많다. 가령, 예상치 않은 불행을 맞이해 절망에 허덕이는 사람들을 도와야 할 때도 있다. 이들을 마냥 공감만 해주었다가는 불행을 기정사실로 고정시킬 우려도 있다. 현실적 사태인 만큼 괜한 분석이나 하고 있을 수만은 없는데, 그렇다고 정신 차리고 중심을 잡으라며 야단을 치기에도 딱한 사람들이다. 이런 이들은 어떻게든 자신의 상황을 받아들여야 그나마 안정을 얻을 수 있는데, 과연 어떻게 하는 게 좋을까?

나는 현실을 반영한 문제 해결을 중시하며 상담을 해왔는데, 이 새로운 방식은 '현실역동상담'이라는 이름으로 많은 후학이 정착시키고 있다. 이러한 접근을 강조하며 이 책의 1장에서는 상담하는 사람의 눈에 비친 우리 사회의 현황을 훑어보고자 했다. 2장은 현실역동상담의 태동기까지의 과정과 나 자신의 경험을 들려주기 위한 것이다. 그리고 3장에서는 한국의 상담계가 안고 있는 문제들을 개략적으로 살펴봤다. 4장에서는 그럼에도 불구하고 심리상담이 지닌 가치나 잠재력을 짚어보았다.

퇴임을 맞아 상담에만 전념하게 될 나는 또 다시 상담의 외연을 넓히고자 새로운 도전을 꿈꾸고 있다. 역할을 통해 성현들을 닮아 가고픈 꿈에 마냥 설레는 자신을 발견하며 상담 성과를 내는 결정적 요인은 다름 아닌 상담자의 '성숙도'라는 말을 다시금 되새긴다.

남의 인생에 관여하는 역할이 어려울 때도 있지만, 개인적인 성장과 직업적인 성취가 하나로 통합되는 상담자로서의 길은 참으로 복된 것이라는 생각이 든다. 뿐만 아니라 오늘날 많은 사람은 유물론이나 상업주의에 노출되어 있기 때문인지 현세에서 잘 사는 것에 치중하는 편이다. 예전처럼 종교에서 구원을 청하기보다 그때 그때 상담에서 도움을 받고자 한다는 것이다. 그리하여 막중한 위치에 서게 된 상담자, 한없이 묵중하고 감사한 마음이다.

2018년 7월
극동상담심리연구원에서
장성숙

머리말 이론과 현실의 격차에서 난감해할 후학들에게 • 2

1장 상담자 눈에 비친 우리 사회의 현상

무한경쟁으로 치닫는 우리 사회 • 13

서열의식이 팽배한 문화 • 19

감정적인 민족 특성 • 25

혈연관계가 압도적 우위인 사회 • 32

극단으로 치닫는 여성의 역할 • 38

관계를 힘들어하는 젊은이들 • 44

개성이라는 이름으로 튀는 사회 • 50

가치관 사이의 거센 충돌 • 56

직면시키기를 꺼리는 상담 풍조 • 61

책임 소재를 과거나 외부로 돌리는 경향 • 68

원래 등잔 밑은 어두운 것인지 • 75

현실역동상담 체험 ① 고종향 신부 • 83

2장 귀중한 만남이 나를 이끌었다

외국인 신부를 만나 심리학에 빠지다 • 91

이동식 선생을 만나 정신분석에 눈뜨다 • 100

유학 중에 얻어온 화두, 문화 • 119

철쭉님과 만나 현실역동상담을 시작하다 • 138

한국적 심리상담을 위한 둥지를 마련하다 • 149

현실역동상담 체험 ② 오민석 변호사 • 170

3장 상담계가 안고 있는 취약성

범람하는 상담 전공자들 • **177**

고비용과 수익성 간의 불균형 • **183**

전문성에 대한 이해 부족 • **188**

적극적인 개입에 대한 두려움 • **194**

기민성이 떨어지는 안이한 태도 • **201**

문화 변인에 대한 상담자들의 무지 • **207**

집단상담을 개인상담처럼 운영하는 실책 • **213**

현실역동상담 체험 ③ 전미숙 수녀 • **217**

4장 상담이 지닌 변색될 수 없는 가치

실질적인 자기이해를 돕는 상담 • **223**

재양육인 관계체험을 시키는 상담 • **228**

관계에 필요한 소통을 촉진시키는 상담 • **235**

융복합의 가능성이 큰 상담 • **245**

간접경험의 보고인 집단상담 • **249**

현실역동상담 체험 ④ 박수영 상담자 • **254**

맺음말 상담자의 길을 걸으며 맞는 심경 • **259**

1장

상담자 눈에 비친
우리 사회의 현상

무한경쟁으로
치닫는
우리 사회

어떤 청년이 상담실로 찾아와 아버지의 의처증에 대한 고민을 토로
했다. 어머니를 너무 괴롭혀서 이혼을 권하지 않을 수 없는 상황이
라고 했다. 의처증이나 의부증은 일종의 정신병으로 좀처럼 나아지
는 것이 아니기 때문에 주위 사람들을 많이 상하게 한다. 그런 까닭
에 장성한 아들이 적극적으로 나서서 아버지에게 시달리는 어머니
를 돕는구나, 하고 생각했다.

　그런데 상담을 진행하며 다소 이상한 점을 발견했다. 어머니가
장남인 자기에게는 엄격한 잣대를 들이대며 최고의 성적을 내지 않
는다고 들들 볶았다고 했다. 반면에 어머니가 남동생에게는 늘 너
그러웠다며 차별대우를 받은 것에 분통을 터뜨렸다. 어머니를 그리
좋아하지 않는 그가 아버지로부터 어머니를 보호해야 한다며 적극

나선다는 점이 뭔가 이상했다.

혹시나 해서 아버지의 재력에 대해 물어보니, 아버지가 일을 해서 번 돈은 아니지만 할아버지에게 받은 상속재산이 꽤 있다고 했다. 그 순간 나는 '그러면 그렇지!' 하는 생각을 하였다.

아버지를 정신병자로 입원시켜 금치산자(禁治産者)로 만들고 나서 재산을 미리 나눠 받으려는 게 그 청년의 속셈인 듯했다. 혼자서 아버지의 재산을 독점하지는 못하니까 어머니와 남동생과 나누더라도 그는 큰돈이 필요했던 것이다.

이런 속셈을 알아차린 나는 "정신적으로 취약한 사람일수록 외로우면 상태가 더 악화되기 쉬우니 아버지를 더 극진히 보살펴야 한다"고 말했다. 외로울수록 의처증은 증세가 도지게 마련이기 때문에 아버지에게 관심을 갖고 애정을 기울여야 한다고 강력하게 일렀다.

심리상담자가 자신이 원하는 방향으로 접근하지 않자, 그 청년은 실망감을 비추며 다시는 내게 상담을 받으러 오지 않았다. 자신의 속내를 들켰다고 여겼는지 그는 더 이상 나를 필요로 하지 않았던 것이다.

또 한 청년의 사례가 있었다.

외아들로 태어나서 부모의 과도한 기대에 치여 살았던 남자는 부모가 기대하는 대학교에 입학하지 못했다는 이유로 대학생이 된 이후 우울하게 살았다. 그러다가 졸업을 하고 사회에 나와서는 분발해 보겠다는 의지를 가지고 사업을 벌이겠다며 부모의 도움을 요청했다. 부모는 아들에 대해 썩 신뢰하진 않았지만, 모처럼 아들이 의욕을 내는 것 같아 자금을 대주었다. 하지만 세상물정 모르는 애송이인 그가 사업에서 성공하기란 거의 불가능에 가까웠다. 그리하여 몇 년을 씨름하다가 원금을 다 없앤 그는 염치가 없다며 잠적을 하고 말았다.

결국 부모가 아들을 찾아내어 집으로 데려왔다. 이미 의욕을 상실한 아들은 집에 돌아와서도 멍하니 앉아 있기만 했고, 보다 못한 부모는 그런 아들을 내게 데리고 나타났다.

그에게 잠적해 있는 동안 어디서 무엇을 하며 지냈느냐고 물었더니, 머리를 식힐 겸 명상을 해보려고 그런 단체를 찾아가 허드렛일을 하며 기거했다고 한다. 그러다가 때마침 그곳에서도 염증을 느끼던 차에 부모가 찾아와서 못 이기는 척하고 집으로 돌아왔다고 했다.

무엇 때문에 염증을 느끼고 있었느냐고 묻자, 그는 고개를 흔들며 웬 잘난 사람들이 그렇게도 많은지 거기서도 치여 지냈다고 했다. 50~60명 정도 되는 단체인데 서울대학교 나온 사람들이 절반이나 됐다고 한다. 하나같이 다들 잘났다고 하는 사람들이지만 자기가 보기에는 가정적으로나 사회적으로나 모두 다 실패한 자들이었단다. 그래도 '나 원래 이런 사람이야'라는 자만심을 갖고 있어서, 현실에서는 실패했어도 정신세계에서만큼은 자기가 잘났다는 것을 입증하고자 애쓰는 자들이라고 했다. 다들 자기 나름의 명

상법을 체계화시켜 놓고 대립각을 세우며 경합을 벌이느라 난리였단다. 현실에서 실패한 만큼 정신세계에서라도 한몫을 해보겠다는 사람들이 우글거리는 소굴에 있다가 왔다는 것이다. 그곳에 있는 사람들이 사회에서 낙오된 자로서의 뒤틀린 정서가 있어서인지, 피해의식도 강하고 패가 갈려 잠잠할 날이 없었다고 한다. 명상을 한다는 사람들이 그렇게도 아집이 큰가 싶어 염증을 느꼈다는 것이다.

사실, 우리 사회는 그런 가분수적인 사람들이 엄청나게 많다. 학벌은 누구보다 근사한데 정작 생활인으로서 갖춰야 할 소양을 갖추지 못한 사람들이 부지기수다.

오늘날 우리 사회는 예전 그 어느 때보다 물질적 풍요를 누리고 있다. 6·25 전쟁 직후에는 세계적으로 최빈국가였다고 하는 우리나라가 이제는 경제적으로 10위 안팎으로 도약했으니 세계도 놀라고 우리 자신도 놀라워할 성장이다. 2차 세계대전 이후 독일인들이 이룬 '라인강의 기적'처럼, 우리는 그 이상 가는 '한강의 기적'을 이룬 셈이다.

발전은 점진적으로 진전을 이룰 때 부작용을 최소화할 수 있다고 한다. 그런데 안타깝게도 우리 사회는 그렇지 못했다. 갑작스러운 경제 발전을 이룬 탓에 많은 부작용을 가졌던 것이 사실이다. 화려해진 겉모습과는 달리 조금만 사회를 깊이 들여다보면 어두운 면이 곳곳에서 배어난다. 남들보다 앞서가려고 무리하는 과정에서 무질

서와 이기심이 만연하고, 그 속에서 '부적응자'라고 일컬어지는 사람들이 무더기로 속출하고 있는 것이 현실 속 우리의 사정이다.

무질서의 극치를 달리는 우리 사회의 한 단면은 소송 비율에서도 나타난다. 동료 교수가 하루는 한국인의 소송 비율이 일본인의 20배나 된다는 이야기를 전했다. 두서너 배라고 해도 놀라울 일인데 무려 20배나 된다는 사실에는 뭐라 할 말이 없었다. 그 이유가 뭐냐고 물었더니, '아니면 말고' 식의 사고가 우리 사회에 만연되어 있기 때문이라는 이야기가 나왔다. 목소리 큰 자가 이긴다고 생각해 언제 어디서든 고소·고발로 기선을 잡고자 하는 풍토가 만연한 탓이란다. 그러면 상대방도 가만히 있을 수 없어서 맞고소로 대응하기 때문에 상식선의 수준에서 타협을 하는 합리성을 잃어버린다는 것이다.

그런 설명에 내가 좌절감을 표현하자, 다른 것에 비해 경제만이 고속성장을 한 까닭에 그런 폐단이 나타났다고 그 교수가 해석을 붙였다. 하지만 경제 성장이 유지되면 그것이 점차 다른 것들을 끌어올리는 견인 역할을 하지 않겠느냐고 그는 말했다.

어쨌거나 오늘날 우리 사회는 어지러울 정도로 많은 부작용을 경험하고 있다. 우리는 오랫동안 중시해 오던 삼강오륜(三綱五倫)이니 인의예지(仁義禮智)와 같은 인간관계에 관한 덕목보다는 잘 먹고 잘 사는 물질적 풍요에 더 심혈을 기울이고 있다. 산업화와 함께 서양의 경제모델이 우리가 따라야 할 가장 우선적인 가치가 되면서부터 많은 사람들이 무한경쟁에 내몰리고 있는 상황이다. 이른 새벽부터

밤늦게까지 진이 빠지도록 일하며 남보다 앞서려고 안간힘을 쓰며 살고 있다. 성과를 이루지 못하면 가차 없이 밀려나기 때문이다.

　최근에는 미니멀리즘이니, 소소한 것에서 행복을 찾자는 분위기가 떠오르면서 삶의 질을 이야기하는 사람들이 늘긴 했지만, 청소년들의 삶을 보면 갈 길은 멀어 보인다. 비단 어른들만 치열한 삶 속에 사는 것이 아니라 청소년들 또한 마찬가지다. 우리 청소년들은 그 어느 나라에서도 유례를 찾아보기 어려울 정도로 혹독한 입시경쟁을 치러야만 하는 제도 하에 있다. 공부하느라 잠을 충분히 자지 못해 키가 안 자랄 정도라고 하니 아무리 살펴봐도 정상이 아니다. 이런 풍토에서 청소년들 사이에 '집단 따돌림'이라는 해괴한 현상이 나타나는 것은 결코 우연이라고 볼 수 없다.

　심지어 휴식처 노릇을 톡톡히 해야 하는 가정도 안전지대는 아니다. 조금도 손해를 보지 않으려고 하는 이해타산이 만연되어 있어 참고 기다려주는 문화는 찾아볼 수 없다. 앞의 상담 사례는 이런 사회풍토를 여실히 보여주는 이야기다.

서열의식이
팽배한 문화

회사의 어느 부장은 자기의 직속상관인 본부장과는 껄끄러운 반면 사장과는 뜻이 맞아 통하는 편이라고 했다. 사장도 역시 본부장과는 의견을 달리하는 점이 있어 서로 껄끄러워하고 있었다고 한다.

그런데 언제부터인가 사장이 본부장을 거치지 않고 부장인 자기를 직접 불러 일에 대해 지시하곤 했는데, 뒤늦게 본부장이 그 사실을 알고 자기를 괴롭힌다고 했다. 이런 상황에서 자기에게 심술을 부리는 본부장에 대해 부글부글 끓는 화를 주체하기 어렵다고 했다. 애초 자기가 본부장을 소외시키려고 한 것도 아니고, 다름 아닌 사장이 그를 제치고 자기에게 명령을 내린 것인데 자기인들 달리 어떻게 할 수 있었겠느냐는 것이다.

그런 푸념을 듣고 나서 나는 그에게 본부장이 그를 괴롭히는 것은 소외를 당했던 자로서 당연한 일이라고 말했다. 우리 사회에서는 서열을 중시하는데 어떤 이유에서든 사장이 본부장을 우습게 만드는 상황이 벌어졌고, 부장인 그 또한 그런 사장에게 동조했기 때문에 불똥이 아랫사람인 그에게 튈 수밖에 없다고 했다.

이런 말에 그는 발끈하며 사장이 자기에게 지시를 하는데 어떻게 아랫사람으로서 응하지 않을 수 있었겠느냐고 항변했다. 다시 말해, 본부장이 화를 내려면 자기가 아닌 사장에게 내야 한다는 주장이었다.

나는 그 부장의 말이 내용적으로는 그럴듯해 보이지만 현실에서는 맞지 않는다고 말했다. 그는 본부장을 제치고 일을 하면 필경 이런 갈등 사태를 맞이할 수밖에 없다는 사실을 예견하고, 사장이 서열을 무시하고 자기를 불러 일을 지시했을 때 사전조치를 취했어야 했다. 즉, 조직 내의 위계가 있으니 부디 본부장을 거처 그 지시를 하달받도록 해달라고 부탁했어야 맞다는 이야기다. 그러면 사장도 윗사람으로서 조직 내의 위계질서를 파괴하는 자신의 행위에 대해 무안함과 더불어 깨달았을 것이고, 그 부장도 본부장의 미움을 피할 수 있었을 것이다.

그런 나의 말에 그 남자는 자기도 본부장을 밀어내고 싶은 속내가 있었기 때문인지, 아니면 사회생활을 하는 남자로서 위계의식이 결여된 자신의 무지함을 깨달았기 때문인지 얼굴을 벌겋게 물들였다. 그러면서 말하기를 사장이나 자기가 위계질서를 어겼다는 점만큼은 인정한다고 말했다.

또 다른 가족의 예를 보자.

어떤 여성이 결혼할 때 시어머니가 집을 얻는 데 쓰라고 전세자금 일부를 보태주었다. 그런데 결혼한 지 2~3년 뒤에 그 여성의 친정아버지가 돌아가시면서 딸에게 재산을 일부 상속해 주었다.

이런 사실을 알게 된 시어머니는 아들이 결혼할 때 준 전세자금이 순전히 빚을 낸 것이라며 그 돈을 돌려 달라고 했다. 이런 얼토당토않은 요구에 속이 상한 부인은 말도 안 된다며 시어머니에게 상속에 대해 말한 남편과 크게 싸웠다. 하지만 남편은 어머니와 아내 사이에 끼어 함구할 뿐이었다.

남편 입장에서도 곤란했으리라 짐작한다. 결혼할 때 아무런 말을 하지 않다가 이제 와서 보태줬던 전세자금이 빚을 낸 것이라고 우기는 어머니가 합당하지는 않지만, 경제적으로 어렵게 사니까 어머니가 그런 말을 하게 된 것이라고 이해를 하는 듯했다. 그렇다고 아내가 상속 받은 게 있으니 시어머니가 느닷없이 반환을 요구해도 들어주어야 한다고 여기지는 않는 듯했다. 그렇기 때문인지 그 남편은 아내에게 그 돈을 돌려드리자는 말을 하지 않고 있었다.

나는 그 시어머니가 괜한 욕심을 내었다고 생각하여 그냥 못 들은 척하라고 일렀다. 그래도 시어머니가 자꾸 돈을 돌려 달라고 조르면 이리저리 핑계를 대어 상속은 받았지만 현금화가 되지 않는다며 뭉그적거리며 지내라고 했던 것이다. 만약 시어머니의 요구가 이치에 맞지 않는다고 해서 또박또박 따졌다가는 고부간에 돌이키기 어려운 금이 갈 것 같다며 조심하라고 일렀다.

상담자로서 그렇게 말한 것은 우리 사회에서는 옳고 그름보다 서로의 위치에 따른 체면이나 도리가 우선한다고 보았기 때문이다. 서열이 다른 관계에서 진위를 따지다가는 자칫 당돌해 보일 소지가 있고, 돈보다 더 중요한 관계가 깨져 더 큰 손해를 볼 수 있어서이다.

우리 사회는 외국인들이 이해하기 어려운 나름의 특징적인 문화를 가지고 있다. 이를테면 끈끈하기 그지없는 부모와 자녀 간의 관계라든가, 자녀 교육을 위해서라면 부부가 떨어져서 기러기 부부 노릇을 기꺼이 한다든가, 체면을 위한 허례허식에 아낌없이 돈을 쏟아붓는다든가, 내외집단에 대한 차별이 심해 줄을 잘 서야 불이익을 당하지 않는 등의 양상을 도처에서 발견할 수 있다.

이러한 형태들을 무조건 비합리적으로만 보는 것은 현실적이지 못하다. 어떠한 문화적 배경에서 그런 상황들이 펼쳐지는지 상담자는 충분히 이해할 필요가 있다. 이러한 양상은 우리가 다른 무엇보다 혈연을 중시하는 민족이라는 데에 기인한다고 볼 수 있다.

세계 어느 사회에서든 가족을 중요시하겠지만, 우리나라에서는 그것이 유독 심해 종교를 능가하는 가치로 자리하고 있다. 오죽하면 한국에서는 어떤 종교가 들어오든 일정 시간이 지나면 다 기복종교로 변질되어 비슷비슷해진다고 했을까. 그만큼 한국인들은 부모가 좋은 곳으로 가서 편안히 잠들고 자손들이 무병장수하도록 비는 것을 최우선으로 한다는 것이다.

혈연을 중시하는 것과 무관하지 않은 또 다른 특징은 한국인이

유달리 현세적이라는 점이다. 개똥밭에 굴러도 이승이 낫다는 표현에서 잘 나타나듯, 한국인은 발을 디디고 있는 현세에서 복을 누리며 잘사는 것을 가장 중요하게 여기는 민족이다.

혈연을 중심으로 이뤄지는 가족우선주의는 우리 사회에 만연되어 있는 연고주의, 서열주의, 인정주의 같은 문화를 파생시켰다. 이러한 것들이 평등이나 사회 정의에 걸림돌이 되기 때문에 타파해야 할 대상이라고 아무리 부르짖어도 그런 것들은 여전히 우리 문화에서 대세를 이루고 있다.

결국 우리 사회에서 잘 살아가기 위해서는 능력만으로는 부족하다. 인간관계는 또 다른 핵심 축이다. 한 손에는 능력을 쥐고 다른 한 손에는 사회성을 쥐고 있지 않으면 좀처럼 영향력을 펴기 어렵다는 것이다. 이로 인해 사람들은 유용한 관계망을 구축하고자 그야말로 안간힘을 쓰며 살고 있다.

부모가 자녀를 좋은 학교에 보내려 하는 것도 좋은 학연을 구축해야 사회에 나와서도 원활하게 도움을 받을 수 있다는 믿음에서다. 사실 사회에 첫발을 내디디는 젊은이들이 입사를 하면 학연을 중심으로 모이는 것도 앞에서 끌어주고 뒤에서 밀어주는 관계를 필요로 하기 때문이다. 퇴근을 하고도 곧장 귀가하지 않고 회식 자리에 가서 회포를 푸는 것은 자기편을 만들거나 소외당하기 싫어하는 마음에서 벌어지는 현상이다.

또 다른 간과할 수 없는 현상은 편 가르기 문화가 확산되어 있다는 것이다. 사회생활에서도 우리 편인지 아닌지를 첨예하게 따져

개인적으로 상대방이 아무리 좋아도 우리 편이 아니면 내치고, 비호감인 인물이라도 우리 편이라고 여기면 지지하는 경향을 보인다. 그 때문에 우리는 선진국 수준의 경제 성장을 이룩했어도 서양인들처럼 개인 중심이나 가족 중심의 생활을 철저히 하기가 어렵다.

이러한 문화적 특징이나 흐름을 생각하지 못하고 자칫 옳고 그름만 따졌다가는 낭패를 보는 경우가 많다. 이를테면 결혼을 시켰으면 부모가 더 이상 관여하는 것은 부당하다느니, 능력이 딸리는 윗사람은 대접받을 가치가 없다느니, 단합 명목으로 회식이나 술자리에 오라고 하는 것은 부당하기 때문에 거부해도 된다고 했다가는 우리 사회에서 자신을 고립시키게 된다.

같은 행위라도 상황에 따라 달리 해석해야 하고, 같은 말이라도 상대방이 누구냐에 따라 완급을 달리해야 불이익을 당하지 않는다. 그리고 친한지 아닌지에 따라 언행에서 각도를 달리 해야 하는 것이 우리 사회에서의 적응력이다. 다시 말해, 우리 사회의 문화적 특징을 잘 파악하지 못하고 상대방의 언행이나 상황을 평면적으로 보고 옳고 그름을 따지다가는 부적응을 낳게 마련이라는 것이다.

감정적인
민족 특성

시골에서 오랫동안 홀로 된 시아버지를 모시고 살던 부인이 시아버지가 돌아가시고 나자 우울증을 앓기 시작했다. 왜 그런지 딸이 물어도 대꾸를 하지 않자, 딸은 어머니를 내게 데리고 와 상담을 해달라고 했다.

무엇 때문이냐고 몇 차례 물었지만, 그 부인은 입을 꾹 다물고 여전히 말을 하지 않았다. 다각적으로 애쓴 결과 그 부인의 입에서 "사는 게 허망하다"는 표현이 나왔다. 연로하면 죽게 마련인데 오랫동안 시아버지를 모시고 살았던 정이 있다 하더라도 시아버지가 돌아가셨다고 하여 우울증에 걸릴 정도로 허망하다고 여기는 게 이상했다.

집요한 탐색 끝에 밝혀진 사실은 노인을 모시고 살았던 수고를 시아주버니가 알아주지 않는 것에 대한 분노였다. 장례를 마친 다음 시아주버니의 처사에 대한 서운함이 좀처럼 풀리지 않고 새록새록 커지고 있었던 것이다.

그 부인의 남편은 둘째아들로 시골에서 부모를 모시며 농사를 짓고 살았다. 살림은 넉넉지 않아 근근이 사는 정도였다. 반면에 남편의 형은 대학교도 나왔고 서울에서 대기업에 다니며 제법 윤택하게 살았다.

그런데 얼마 전 시아버지가 돌아가시자, 시아주버니의 손님들이 서울에서 대거 문상을 왔다. 그래서 발바닥에 불이 날 정도로 열심히 문상객들을 맞이했는데, 삼우제(三虞祭)가 다 끝나자 시아주버니는 자기네 손님들이 가져온 부조금은 앞으로 자기네가 갚아야 할 빚이라며 다 찾아갔다. 따져보면 이치에 틀린 말도 아니어서 군소리 없이 내어주긴 했지만 표현할 길이 없을 정도로 서운했다.

이러한 부인을 상담하며 나는 그 부인이 시골에서 시부모를 모시고 살았던 노고에 대해 서사시를 쓰듯 읊조려주었다. 그러자 부인은 두 볼에 눈물을 주룩주룩 흘리며 속이 후련해지는 것 같다고 했다. 누구에게 말하기도 치사스러워 입을 다물었는데 그렇게 누군가가 자기 속내를 알아주니 후련하단다.

농사를 지으며 다소 빚이 있긴 하지만 열심히 일하면 갚을 수 있단다. 하지만 못 배웠다고 무시하는 것 같아 분한 마음을 금하기 어려웠다고 한다. 자기가 그럴진대 평생 형에게 치여 살았던 남편은 오죽하겠느냐며 그녀는 남편을 빙자해 다시 눈물을 한참 쏟았다.

또 다른 이야기가 있다.

파랗게 질린 표정의 한 어머니가 딸을 데리고 상담실에 나타났다. 고등학교 3학년인 딸이 아파트 베란다에서 뛰어내리려고 했다는 것이다. 딸이 중간고사 성적을 받아왔는데 성적이 올라도 시원찮은 상황에 2학년 때보다 더 떨어졌다고 한다. 화가 난 어머니가 좀 더 열심히 공부하지 않았다고 야단을 치자, 딸이 쏜살같이 베란다로 달려가 뛰어내리려고 했다며 이런 기막힌 일이 어디 있느냐고 그 어머니는 몸을 떨었다. 아무리 생각해도 딸이 괘씸하다는 것이었다.

상황을 살펴보니 이랬다. 딸의 입장에서는 죽기 살기로 공부를 했지만, 다른 학생들도 분발하기 때문인지 성적이 오르지 않아 극도로 예민해져 있었다. 그런데 어머니는 딸의 애타는 심정을 달래주기보다는 역성을 내며 정신을 바짝 차리지 않는다고 닥달을 하며 딸의 머리를 벽에 찧었다.

왜 그렇게까지 어머니가 예민한지 알아보니, 그 어머니는 딸의 학업을 위해 학군이 좋다는 곳으로 옮기려고 그전에 살던 집을 팔고 전세로 이사를 왔다. 운이 나쁘려니까 집을 팔고 나서야 갑자기 집값이 폭등했고, 큰 손실을 입었다는 생각에 극도로 신경질적으로 되었다. 딸이 기대한 만큼 성적이라도 쑥쑥 올려줬으면 그것으로 위안을 삼겠는데 그렇지 못하자 폭력적으로 분노를 표출한 것이다. 그렇지 않아도 학업 스트레스로 취약해 있던 딸은 어머니를 이길 수 없자 차라리 죽어버리겠다고 맞장을 뜨듯 분노를 표출했던 것이다.

딸도 힘들어하는데 왜 그렇게 조바심을 내냐고 묻자, 그 부인은 자기 팔자가 왜 이 모양이냐며 엉엉 울었다. 그런데 악을 쓰듯 우는 그 울음은 분노가 풀풀 묻어나는 것이었다.

딸보다 어머니가 더 위급하다고 판단되어 그 어머니에게 집중했다. 아니나 다를까, 그 부인은 자신의 한을 딸을 통해 화끈하게 풀어볼 심산이었는데, 최근 부동산 값의 폭등으로 더 가난하게 되었을 뿐만 아니라 딸도 성적이 하락세를 보이자 좌절감에 시달린 것이다.

그 부인은 공부를 잘했음에도 불구하고 집안이 몰락하는 바람에 친구들처럼 대학교에 진학하지 못했다. 결혼해서도 남편에 대한 기대가 과도했던 탓인지 부부 사이도 그리 좋지 못했다. 그러자 그 부인은 제법 공부를 잘하는 딸에게 모든 것을 걸었다. 대학교에 진학한 친구들의 자녀보다 자신의 딸을 더 좋은 명문대학교에 입학시켜여 보란 듯이 한을 풀고 싶었던 것이다.

사실, 공부에 대해 가장 기대를 하고 속상해하는 사람은 다름 아닌 당사자인 딸일 텐데, 어머니가 그렇게 안달을 하면 다 죽고 말 것이라고 말해 주었다. 그 부인은 머리로는 그것을 알겠는데 절제가 안 된다며 탄식했다.

그 후 부인은 자신의 감정을 다스리기 위한 심리상담을 시작했다. 가정의 중심에 있는 본인이 먼저 정신을 차리지 않으면 온 가족이 다 피해를 보게 된다는 사실을 납득한 것이다.

한국인은 정(情)과 한(恨)의 존재라고 일컬어질 만큼 감정을 중시하는 민족이다. 그렇기 때문에 어떤 행위를 할 때 이성적인 판단에 따르기보다 감정적인 면에 영향을 많이 받는 편이다. 특히 상대방이 자신을 무시한다고 여길 때 유달리 견디기 어려워하며, 너 죽고 나 죽자는 식으로 감정적으로 행동하는 경향을 쉽게 보인다. 이런 특성은 우리나라가 세계적으로 자살률이 가장 높다는 사실과도 무관하지 않을 것이라 생각한다.

여기서 감정적이라는 것이 꼭 부정적인 면만을 의미하는 것은 아니다. 그만큼 인정이 농후해 남의 사정을 잘 알아주는 측면이 공존하기 때문에 살맛나게 하는 원인이 되기도 한다. 처음에 마음을 터놓기가 어렵지 한 번 터놓기만 하면 아낌없이 퍼준다. 한 번 정을 나누면 미우나 고우나 같은 편에 서야 한다고 여기기 때문에, 만약 그러한 기대에 부응하지 않고 사리를 따져 옳고 그름을 논하면 인정머리 없다고 여긴다.

이런 경향 때문인지 배우자 간에 부당한 처사가 있어도 응징하기보다 미운 정 때문에 헤어지기 어렵다는 말을 심심찮게 한다. 이런 식으로 한국인들은 마음을 순수한 것이라 여기고, 서로 마음을 나누는 것은 진실을 나누는 것이라 여겨 '정을 나눈다'는 표현을 쓰기도 한다.

전통적으로 심리상담에서는 내담자의 감정이나 정서를 깊게 헤아리며 공감하는 것을 기본으로 한다. 충분히 공감함으로써 무의식화된 비합리적 사고에 숨어 있는 감정을 의식 위로 떠올리도록 시도한다. 일단 그러한 감정을 의식 위로 떠올리면, 그것을 말로 표현하도록 돕는다. 그래야 감정적 응어리가 해소될 수 있고, 비로소 합리적인 상황 인식이나 판단을 할 수 있으며, 나아가 합리적인 행동을 할 수 있다고 믿기 때문이다.

심리상담에서 감정에 역점을 두는 것은 감정 자체를 중요하게 여기는 것이라기보다 합리적 사고나 행동을 방해하는 요인이 감정이라고 여기고 그것을 제어하려는 목적이라고 본다. 심리상담을 발달시킨 서구 사회에서는 그동안 이성적 판단을 지나치게 강조해 왔기 때문에 균형을 위해 감정의 중요성을 더욱 부각시킨 것이라 볼 수도 있다.

여하튼 한국인들은 이전부터 감정을 중요시했고 감정적으로 상황을 인식하거나 행동하는 경향을 보이기 때문에, 상담자는 각별히 내담자의 감정에 기민할 필요가 있다. 내담자는 상담자가 자기를 알아준다고 여길 때 비로소 마음의 빗장을 풀고 자신을 개방하려고 하기 때문이다. 그리고 상담자가 자기편에 서서 사태를 풀어가려 한다는 믿음을 가질 때 적극 협조적이다. 그래서인지 상담자가 아무리 명석해도 따뜻하다는 인상을 주지 않으면 '라포(rapport)' 형성(친밀한 관계 유지)이 잘 되지 않는 것 같다.

한국인이 이토록 속내를 나눈다든가 상대방의 마음 씀씀이에 기대치가 높은 것은 기본적으로 '우리'에 그 뿌리를 두기 때문이라고 본다. '우리'라는 것은 너와 내가 모여 복수를 이루는 것 그 이상으로, 하나라는 공동체를 이루기 위해 너와 내가 부분자(部分者, 전체자의 상대적 개념)가 된다는 의미를 지닌다. 따라서 '우리'로서 갖게 되는 끈끈함을 내포하지 않는 한 옳은 말이거나 객관성을 띤 말이라도 정이 없다며 배격하기 일쑤다.

이러한 이유로 한국 사람들은 "심정이 상한다"는 말을 많이 쓰는데 특히 상대가 기대에 미치지 못할 때 사용한다. 상대가 자기를 알아주지 않는다는 사실은 자신을 무시하는 것으로 연결지어 생각하기 일쑤이고, 그래서 서운하다는 것이다. 반면에 누군가가 자기를 알아주거나 인정해 주는 것 같으면 아낌없이 자기 것을 내어주는 기분파의 속성을 지닌 사람들이 한국인 중에는 많다.

혈연관계가
압도적 우위인
사회

아버지에 대한 분노를 소화하지 못해 오랫동안 위장병이라는 신체화 장애(身體化障礙)를 앓던 젊은 남자가 나를 찾아왔다. 기질적으로는 그리 문제가 없는 심인성 증상이라는 것, 그리고 그가 이미 다른 치료자들을 많이 만나왔다는 사실을 알았다. 그리하여 나는 진득하게 상담을 받겠다고 약속하면 시작하고, 그렇지 않으면 더 이상 상담을 진행하지 않겠다고 했다. 그렇게 해서 50회까지 상담을 받겠다는 약속을 받아낸 후, 그가 툭하면 증상에서 도망치는 버릇을 고치도록 그 원인인 불안감을 직시하며 이겨내도록 압박했다.

혹독한 과정을 거치며 그가 점차 위장병을 극복해 가자 그는 자신감을 갖기 시작했다. 그리고 나서 나는 그에게 주사가 심한 아버지 슬하에서 같이 자란 남동생도 그렇게 아버지를 미워하느냐고 물었다. 그는 남동생은 자기처럼 아버지를 미워하거나 덤벼들지 않는다고 대답했다. 이런 응답에 나는 고개를 갸우뚱거리며, 같은 환경에서 자란 형제인데 한 사람은 아버지를 못 견뎌하고 다른 사람은 그러려니 하는 게 이상하다며 그 이유가 뭐냐고 물었다.

한참을 궁리하던 그 남자는 남동생은 다소 비겁한 성격을 지녔기 때문이지 않겠느냐며 궁색하기 짝이 없는 대답을 했다. 나는 납득하기 어렵다며 고개를 흔들다가 아버지에게 반항을 하며 덤비는 그의 마음 저변에는 아무래도, 자기가 아무리 대들어도 아버지에게 쫓겨나지 않을 것이라는 믿음이 깔려 있는 것 같다고 대꾸했다. 이런 말을 듣던 그는 한참 만에 고개를 끄덕이며 그런 것 같다고 대꾸했다. 어찌하여 그런 믿음을 갖게 되었느냐고 묻자, 그는 아버지가 자신이 어렸을 때 신동이라며 동네방네 데리고 다니며 자랑했던 사실을 알려주었다. 먹을 것을 주더라도 남동생보다는 장남인 자기에게 더 주었다는 기억을 회상해 냈다.

그 다음 회기에 나타난 그의 모습은 여느 때와는 달리 가슴을 쫙 펴며 당당한 모습이었다. 그동안 자신을 이 지경의 환자로 만든 사람은 아버지라며 원망을 많이 하고 지냈는데, 그래도 아버지에게 총애를 받은 사람은 자기였다는 자부심을 갖게 된 것이다.

그 후 그의 위장병 장애는 훨씬 좋아졌고, 동시에 상담자에게 의존하는 마음도 현격하게 줄었다. 아울러 결혼한 남자로서의 위상을 찾아가기 시작했으며 자신의 위치에 걸맞는 역할을 하는 데 손색없는 모습으로 변모했다.

또 다른 사례로 집단상담에 참석한 대학생이 있었다. 군대를 다녀와서 복학했는데 다른 학생들과 어울리기를 몹시 힘들어했다. 공부를 잘했을 뿐만 아니라 인물도 훤칠했지만 사람들을 만나면 너무 어색해하는 탓에 모든 게 엉망으로 되어버리곤 했다.

그렇게 된 배경에는 어머니의 극심한 과보호와 잔소리가 있었다. 남편과 썩 원만하지 못했던 그의 어머니는 꿩 대신 닭이라는 심정으로 외아들에게 집착하며 아들을 자기 뜻대로 만들려고 했다.

어머니에 대해 지겨우면서도 의존하고 있던 그 청년은 어머니에게는 아무런 소리를 못하는 대신 다른 사람들을 싫어했다. 즉, 사람과 가까워지면 피곤해진다고 여겨 자기도 모르게 피하는 게 몸에 배어 있었다.

그렇게 자신을 고립시키면서도 외로움에 어쩔 줄 몰라 하는 그 청년은 이런 식으로 가다가는 대학생활에 실패할 것이라는 두려움에 떨었다. 나아가 자기 인생이 망하고 말 테니 어찌하면 좋겠냐고 걱정하면서도 여전히 집단에서 사람을 꺼려했다.

당면한 문제가 어디에서 비롯됐는지 밝혀내고, 이러한 문제를 극복하지 못하면 어떤 폐단이 뒤따르게 될지 예견해 주었다. 그러자 그는 절박하게 어떻게 해야 자신의 문제를 극복할 수 있느냐고 물었다. 어쨌든 연습해야 된다는 것은 알겠는데, 잘못 말했다가는 무안을 당하고 말까 봐 사람에게 접근하지를 못하겠다는 것이다.

이렇게 거부에 대한 두려움으로 옴짝달싹하기가 어렵다고 말하자, 집단상담에서 공동작업자로 활동하는 철쭉님(집단상담에서는 닉네임을 쓴다)이 한 가지 의문을 던졌다. 아버지를 상대로 연습하면 아무런 뒤탈이 없을 텐데 어째서 외부 사람을 상대로 연습하려 드느냐는 것이었다. 그렇지 않아도 가족에게 소외당하고 있는 아버지에게 아들이 말을 걸면 얼마나 반가워하시겠냐, 그러면 아버지는 자신이 알고 있는 나름의 사회적 상식을 아들에게 아낌없이 전수해 줄 거라고 하였다. 뿐만 아니라 아들과 아버지는 혈연관계이기 때문에 아들이 아무리 서툴게 접근하거나 실수해도 아버지가 아들을 배척하는 일은 없을 것이라고 덧붙였다. 즉, 연습하기에 가장 안전한 대상이 아버지라고 했다.

이런 말이 오고가는 과정을 지켜보던 사람들은 부모와 자식의 관계는 이 세상에서 가장 믿을 수 있는 안전한 관계라는 사실을 새삼 깨달았는지 고개를 끄덕였다. 그 남학생 역시 그런 존재를 가까이에 두고 있다는 사실을 깨닫고 얼굴을 환하게 폈다.

한국 사회에는 어떤 종교가 들어와도 결국에는 다 비슷해진다는 얘기를 앞에서 했는데, 그 이유는 종교가 소원 성취를 위한 도구로 변질되기 때문이라고 한다. 어느 성전에 가서든 부모님이 무병장수하거나 좋은 곳으로 가게 해달라고 빌고, 자녀가 좋은 학교나 좋은 직장에 들어가게 해달라고 비는 탓이다.

이토록 한국 사람들은 언제 어디서나 가치의 중심에 혈연을 두고 있다. 한국인에게 으뜸가는 종교는 '가족'이라고 해도 과언이 아닐 정도다. 그렇기 때문에 부모와 자식 간의 관계는 끈끈함에 있어 그 어느 것도 능가한다.

　외견상으로는, 이제 한국 사회도 이전의 부자(父子) 중심 사회를 탈피해 부부(夫婦) 중심의 사회로 나아가고 있다. 그래서 가족 내에서 아버지와 아들의 관계가 가장 중시되던 때의 가치라고 할 수 있는 연속성, 포괄성, 비성욕성, 서열성과 같은 가치는 그렇게 도드라져 보이지 않는다. 오히려 오늘날 우리는 서양의 부부 중심 사회가 지니고 있는 가치인 단절성, 독점성, 성욕성, 평등성과 같은 가치를 더 표방하고 있는 듯이 보인다.

　하지만 문화는 그리 쉽게 변하는 것이 아니다. 조금만 깊이 들여다보면 여전히 우리 사회에는 기존의 문화적 가치가 저변에 깔려 있다. 이를테면 부모는 어떤 희생을 치르더라도 자녀가 잘 되기만 하면 상관없다는 식이고, 심지어 자녀를 통해 부모가 못 다한 꿈을 이루려고까지 한다.

　이렇게 부모와 자녀 간의 관계가 소중하고 끈끈하다 보니 역설적이게도 비정함이 가장 많이 표출되는 관계가 부모 자식 간이다. 일단 자녀가 있으면 좀처럼 자유로울 수 없다는 생각으로 많은 아동이나 청소년들이 유기되거나 방치되는 현상이 나타나고 있다. 우리나라는 '고아 수출국'이라는 오명을 쓰고 있으며, 이혼한 부모들이 아이를 서로 떠넘겨 조부모가 돌보는 경우도 수두룩하다. 이것도 다 혈연을 과도하게 중시한 반작용이지 않을까 한다.

　원수는 멀리 있을 필요가 없고 가장 가까이 있는 자들이라고 했다. 사람들이 분노의 대상으로 삼고 있는 사람들도 다름 아닌 가족이나 친인척들이 많다. 문제는 한국인들이 서양인들과는 달리 기일이니 명절이니 친인척 행사 등의 이유로 수시로 만남을 가지기 때문에 속 시원히 분노를 표현하거나 용서하는 과정을 거치지 못한다는 것이다. 그러니 벙어리 냉가슴 앓듯 속으로 삭히는 경향을 많이 보인다.

만약 어렸을 때 친인척에게 성추행을 당했을 경우, 그러한 사실을 명시화했다가는 마음의 짐은 덜지언정 관계 단절이라는 큰 손실을 겪어야 한다. 다시 말해, 우리 사회에서는 혈연관계를 중시하는 탓에 때로는 솔직담백하게 표현하지 못하거나 깔끔하게 정리할 수 없는 갈등이나 문제들이 꽤 있다. 그리하여 한국인에게 있어 부모와 자식 간의 관계는 거의 절대적인 것으로 다른 어느 기준이나 가치보다 우선하고 있다.

극단으로
치닫는
여성의 역할

아내의 외도로 이혼 위기에 처해 있던 한 부부가 재산분할 문제로 극심한 대립을 겪었다. 그러자 법원의 조사관은 그들에 대한 상담을 내게 의뢰했다.

평범한 봉급쟁이 생활을 하던 남편은 자신의 월급을 아내에게 맡겨 관리하도록 했고 본인은 최소한의 용돈만 받아서 썼다. 시가나 처가 모두 넉넉지 않은 탓에 이들은 결혼할 때 거의 빈손이었다고 한다. 그리하여 이를 악물고 집을 마련하자는 뜻을 모아 두 사람 모두 알뜰하게 살았다.

아내가 부동산에 대한 정보를 수집해 딱지라는 것을 사서 어느 정도 이득을 봤다. 이런 것에 재미를 붙인 아내는 본격적으로 부동산 투자에 손을 대었다. 남편보다 머리 회전이 빨랐던 부인은 주식

투자에도 조금씩 손을 대 이익을 보기도 했다.

부인은 점차 사람들을 만나러 다니면서 맛집이나 골프장 출입이 잦아졌다. 그러다 골프장에서 만난 유부남과 사귀기 시작했고, 이런 사실을 알게 된 상대방의 부인이 화가 나서 이 부인의 남편에게 불륜 사실을 알렸다.

아내의 투자 솜씨에 은근히 기대며 살았던 남편은 처음에는 아내의 실수려니 하고 한 번은 용서하고 넘어가려 했다. 하지만 남편을 답답하게 여기기 시작한 아내는 예전으로 돌아오지 못했다.

설상가상으로 두 딸들도 학교생활에 적응하지 못하고 무단결석을 한다든가 가출을 하는 등 말썽을 피우자, 회의에 빠진 남편은 이혼을 결심했다. 그러자 아내는 재산을 일군 사람은 본인이라며 더 많은 비율을 원했고, 남편은 종자돈을 마련한 사람은 자기라며 맞섰다.

결국 법원에서 판결을 내려주었지만, 이 과정에서 가장 큰 피해를 본 사람은 두 딸들이었다. 서로 떠맡지 않으려는 태도를 취했고, 두 딸들 역시 자기네 편할 대로 어느 때는 아버지에게 가서 지내기도 하고, 어느 때는 어머니에게 가서 용돈을 달라는 태도를 취했다.

또 다른 이야기가 있다.

무사히 대학교를 마치고 대기업에 취직한 청년을 그 부모가 데리고 상담실에 나타났다. 아들이 직장생활을 힘들어하더니 급기야 며칠 전에는 옷장에서 자기 옷을 다 꺼내 가위로 잘라냈다고 한다.

상사가 일을 시키는데 차근차근 가르쳐주지 않고 그냥 던지듯 주문만 한다고 했다. 막막하고 화는 나는데 그런 상사를 죽일 수는 없으니까 그렇게라도 분한 마음을 풀지 않으면 미칠 것 같아서 그렇게 했다는 것이다.

스트레스 상황을 견디지 못하는 것은 물론 분노조절도 안 되는 상태였다. 다른 사원들은 직장 스트레스를 어떻게 푸는 것 같으냐고 물었더니, 그들도 어려워하긴 마찬가진데 희한하게도 잘 견디는 것 같다고 했다. 그들은 수시로 모여 상사를 욕하며 함께 당구를 치러 가기도 하는데, 자기는 거기에 끼지를 못한다고 했다.

그 청년은 어려서부터 하나부터 열까지 모든 것을 어머니가 해주는 식의 과보호를 받고 자란 사람이었다. 가정주부로 지냈던 그의 어머니는 아들에게 공부만 시키고, 그 외의 것은 거의 그녀가 다해 주었다. 그런 것이 몸에 배어 있는 탓에 스스로 알아서 하는 것이 거의 없었고, 정해진 틀 안에서나 기능하는 사람이 되었다. 심지어 일을 시키는 상사에게 어떻게 하면 되느냐고 묻지도 못했고, 자기와 비슷한 처지의 사람들에게 다가가지도 못했다. 수동성의 극치를 보였던 것이다.

사회생활을 시작하면서 자기가 다른 사람들에 비해 유연성이 떨어진다는 것을 알고부터 그는 자신을 그렇게 키운 어머니를 향해 불만을 터뜨리기 시작했다. 아들인 자기에게 집착하는 어머니를 말리지 않고 그냥 방임했다고 아버지에 대해서도 함부로 하는 병적인 상태에 놓여 있었다.

농경사회에서 부인의 역할은 집안에서 밥하고 빨래하는 등의 가사 일을 비롯해 자녀를 낳아 기르는 일이 거의 전부였다. 거기다 농사일이라도 할 경우에는 그야말로 눈코 뜰 새 없이 바빴다. 자녀도 오늘날처럼 한둘을 낳는 게 아니라 여러 명을 낳다 보니 세세히 보살펴주지 못하기 일쑤였다.

하지만 산업화 이후 자본주의 사회로 변화하면서 대부분의 사람들이 도시로 나와 핵가족 형태의 생활을 하게 되었다. 30~40년 전에 산아제한이 필요하던 때와는 달리 자녀도 한두 명만 낳는 정도에 그쳐 이제는 인구의 급감을 우려할 지경에 이르렀다. 무섭도록 빠르게 변화된 우리들의 생활상이다.

거기다 하루가 다르게 나타나는 눈부실 정도의 발명품들, 특히 가전도구의 발전으로 인해 이제 여성들은 중노동에 가까운 가사 일에서 벗어났다. 그 덕분에 이제 여성들도 남자 못지않은 사회생활을 하며 각 분야에서 두각을 나타내고 있다. 이러한 분위기 아래 직장생활을 하지 않는 여성들도 나름 분발하며 자신의 가치를 발휘하기 위해 애쓰는 모습을 보이고 있다.

급격한 경제 성장은 물질적인 면에서 우리를 풍족하게 해준 것이 사실이지만, 다른 한편 폐단을 낳기도 했다. 예전과는 달리 여성들이 일을 하게 되면서 출산은 해도 육아를 담당하지 못하고 자녀들을 남의 손에 맡겨 키우는 일이 많아졌다.

이렇게 부모가 아닌 다른 사람 손에 키워진 아이들은 물질적으로는 부족함 없이 자랐을지라도 속은 허하기 일쑤다. 조부모와 함께 사는 대가족 사회에서는 어머니가 외부 활동을 하느라 바빠도 대신 그 자리를 메워줄 수 있는 사람이 있었지만, 이제는 그것이 어려워졌다. 설사 외가 조부모나 친가 조부모가 양육을 맡아준다 해도 다른 집에 사는 경우가 대부분이기 때문에 아이들이 한 곳에서 안정감을 느끼며 자라기 어렵다.

직장생활을 하지 않는 부인이라 할지라도 남편이 벌어다주는 수입에만 의존했다가는 가난을 면치 못한다는 생각으로 부동산의 흐름을 눈여겨보며 투기에 몰두하거나 부업에 나서는 이들이 꽤 있다. 따라서 재산을 불리는 일은 시간적으로 여유로운 아내의 몫이라고 여기는 남편들도 많다.

부동산 문제로 자주 이사를 다닌 탓에 전학이 잦았던 청소년들은 좀처럼 안정된 인간관계를 맺지 못해 고생하곤 한다. 나무도 이식을 자주 하면 뿌리를 내리지 못하고 병이 들듯이 잦은 이사로 겉도는 학생들이 많아졌다.

이와는 정반대로 경제활동을 하지 않는 부인들은 그 대신 자녀를 잘 키우는 것으로 승부를 걸겠다는 심산으로 과도하게 자녀 교육에 매달리고 있다. 우리 사회에서는 아직까지 공부를 잘하는 것이 성공의 지름길이라고 믿고 있다. 즉, 중산층으로의 진입을 가장 확실하게 보장해 주는 것은 학벌이라고 믿는 것이다. 혹시 공부가 전부라고 생각하지 않더라도 획일화된 사회에서 딱히 대안이 없기 때문에 공부에 매달리기도 한다.

좋은 어머니란 자녀가 필요로 할 때 도움을 주는 어머니라고 한다. 그러나 많은 어머니들이 그 시기를 기다리지 못하고 서둘러 도움을 제공하며 규제하려고 든다. 심지어 어떤 어머니들은 자녀 교육이라는 명분 아래 도리어 자녀에게 의존하는 경향을 보이기도 한다. 어린 자녀를 잠시도 손에서 내려놓지 못한다든가, 아이가 놀이터에서 놀 때도 옆에서 지켜보며 눈을 떼지 않고, 어린이집이나 유치원에 보내놓고도 불안해한다. 이런 부모들은 자녀의 친구도 선별해서 놀게 하고, 팀을 꾸려 과외선생을 모시는 등 관리를 도맡아 하기 일쑤다. 자녀가 스스로 시행착오를 통해 자율성을 키워나가게끔 허용하지 않는다.

현대 사회의 소비 주체는 주로 여성들이라고 한다. 한국에서만큼 명품이 잘 팔리는 곳도 드물다고 하니 예삿일이 아니다. 음식점의 주요 고객도 주부들이라고 할 만큼 자본주의 경제 하에서 여성의 위상은 높아진 게 사실이다. 이와 동시에 가정을 이탈하는 여성의 숫자도 많아졌다. 예전에는 외도라고 하면 주로 남자들이 벌이는 행각이려니 했지만, 오늘날에는 일반 가정의 부인들도 이와 무관하다고 보기 어렵기 때문이다.

관계를
힘들어하는
젊은이들

명문대학교에 입학한 청년은 한 학기를 마치자 자퇴를 하든지 아니면 자살을 하겠다고 난리를 쳤다. 대학생활이 버거워 살기가 어렵다는 것이었다.

대학교에서는 고등학생 때와는 달리 시간표도 각자 알아서 짜야 하는데 그런 것이 너무 버겁단다. 그리고 이 청년은 사람들이 겁난다며 동아리에도 가입하지 않았다. 동아리에 가면 선후배 사이에서 어떻게 처신해야 할지 엄두가 나질 않는다고 했다. 그러다 보니 학교에 가면 말을 붙일 대상도 없었고, 하루 종일 혼자 집과 학교를 왔다 갔다 하는 식으로 한 학기를 겨우 마쳤다.

학업 성취에 유별나게 욕심을 부렸던 부모 밑에서 그는 공부만 하면 다 해결되는 줄 알고 살았다. 고등학교 시절엔 교우 관계가 약했지만 대학입시라는 관문을 뚫어야 한다는 뚜렷한 목표가 있어 그 런대로 버티었다. 하지만 대학교에 입학하고 나서 목표를 잃어버린 그는 더 이상 무엇을 향해 나아가야 할지 방향을 잃고 말았다.

그가 공부만 할 줄 아는 불균형자가 된 것은 어머니의 불안과 열 등감 탓이 컸다. 그의 아버지는 전문직에 종사하는 사람이었는데, 그의 어머니는 그리 좋은 대학교를 나오지 못했다. 아들이 외탁을 해 공부를 못한다는 말을 듣게 될까 봐 겁을 내었고, 그리하여 모든 에너지를 아들의 학업 성취에 쏟아부으며 아들을 옴짝달싹 못하게 키웠다.

어머니가 혹독하게 밀어붙여 좋은 대학교에 들어가긴 했지만, 다 른 부분을 발달시키지 못했던 그 아들이 대학생활에 적응하지 못하 는 것은 어찌 보면 자명한 결과였다. 인간관계 기술이라는 것은 저 절로 얻어지는 것이 아니라 장시간에 걸쳐 실제로 사람을 만나 부 딪치며 밀접한 인간관계를 거쳐야 형성될 수 있는 것이다. 하지만 그 어머니는 자신의 열등감 내지는 불안 때문에 아들에게 균형 잡 힌 양육을 하지 못했다.

어떤 남자 고등학생의 이야기가 있다.

그 아이는 툭하면 집을 나가곤 했는데, 그러다 꾀죄죄한 모습으 로 다시금 슬그머니 집으로 들어왔다. 부모는 그런 아들에게 뭐라 고 하면 또 집을 나가기라도 할까 봐 크게 야단도 못 치고 상전 모 시듯 했다.

그 학생은 친가의 조부모와 외가의 조부모 모두에게 첫 손자로서 사랑을 독차지하며 자랐는데, 어느 시점부터 어머니가 자기에게 공부 좀 하라고 하자 그 말을 소화하지 못했다. 어렸을 때부터 너무 받아주기만 했던 것이 습성화된 탓에 늘 그렇게 해주기를 기대했던 것이다. 초등학교 때는 어머니에게 그저 불만을 갖는 정도였는데 중학생이 되면서부터는 어머니를 만만하게 여겼다. 그러다 고등학생이 되자 자기를 예전처럼 받들어주지 않는 어머니를 골탕 먹이기 위해 집을 나가기 시작했고, 어머니가 절절매자, 그는 그런 행각에 맛을 들였다.

그 학생이 어머니에게 괴로움을 안겨주고 싶어 하는 심리는 다분히 병리적이었다. 어머니에게 고통을 주기 위해 자신의 앞날을 패대기치는 격이었기 때문이다. 병리적인 사람일수록 상대방의 살을 다치게 하기 위해 자신은 뼈를 깎는 손해를 불사하는데, 그 학생이 딱 그러했다.

어찌하여 자식을 아랫사람인 자식으로 대하지 못하고 그런 사태가 벌어졌는지 살펴보니, 부모는 큰아들을 사고로 잃은 뒤 작은아들로 태어났지만 첫 손자로 등극한 그에게 절절매며 살았다. 그러자 그는 부모를 위엄 있는 대상으로 여기는 게 아니라 자기에게 필요한 것이면 뭐든지 제공할 뿐인 대상으로 취급했다.

이런 학생을 상담하며 앞으로 어른이 되면 무엇을 해서 먹고살 참이냐고 물었더니, 그는 할아버지가 부자이기 때문에 먹고사는 것에 대해서는 걱정하지 않는다고 대꾸했다. 고등학생이나 되는데도 그의 반응은 초등학생 수준에 그쳤다.

그 부모에게 아들은 어디에서부터 손을 대야 할지 모르는 어린아이와 같은 상태이며 앞으로 처음부터 다시 키우듯 해야 하는데, 그것이 그리 쉽지 않을 것이라고 말해 두었다. 이미 부모는 부모로서의 위엄을 잃은 상태이고, 그 학생이 상담자를 대리부모처럼 여기며 상담을 지속한다면 좋아질 수도 있겠지만 그게 가능할지조차 의문이었기 때문이다.

결혼한 여성들이 예전처럼 자녀를 많이 낳지 않게 되면서 오히려 자녀 교육에는 더욱 몰두하게 되었다. 특히, 우리 사회는 그 어떤 나라보다 가파른 출산 저하를 맞이해 이제는 자녀를 한 명이나 두 명만 낳아 기른다. 아예 딩크(DINK, double income no kids)족을 자처하며 아이를 낳지 않는 젊은이들도 점차 늘어나고 있다.

집집마다 자녀를 떠받들듯 키우는 바람에 오늘날 자녀는 신흥귀족이 되어가고 있는 실정이다. 거듭 말하지만, 좋은 부모는 자녀가 도움을 필요로 하는 적시에 도와주는 부모다. 자녀가 도움을 필요로 할 때 방치하는 게 해가 되지만, 그렇다고 시기상조로 도움을 주는 것도 해가 되긴 마찬가지다. 필요로 하기 전에 도움을 주면 스스로 할 수 있는 힘을 키우지 못하기 때문에 의존성을 탈피하기 어렵다. 성장의 지표가 자립심이라고 볼 때 과보호는 그것에 역행하기 때문이다.

자녀가 고학년으로 올라갈수록 부모가 나서서 돕는 것에는 한계가 있다. 공부하는 것은 물론 친구를 사귀는 것도 스스로 해야지 부모가 어찌 해줄 수 있는 성질이 아닌 까닭이다.

예전에는 사람이 혼자 있을 줄도 알아야 한다는 말을 했다. 사람들과 너무 가까이 하려고만 하지 말고 혼자 사색하는 시간도 가질 줄 알아야 한다는 말이었다. 하지만 오늘날에는 그와는 반대로, 필히 사람들과 함께 어울리는 능력을 지녀야 한다고 강조한다. 사람들과 교류하는 것이 다른 무엇보다 균형감각을 요하는 힘든 것이라는 사실이 부각되면서부터 나온 말이다.

지금은 사람들과 어떻게 관계하는지 모를 뿐만 아니라 거부당하는 것에 대한 두려움으로 홀로 게임이나 하며 지내는 청소년들이 상당히 많다. 일찍이 어머니와 가족들과 상호작용을 하는 과정을 거치면서 익혔어야 할 관계의 기술을 익히지 못했던 탓이 클 것이다. 그렇게 기본을 익히지 못한 아이들은 악순환을 불러오며 사람을 겁내기 일쑤다.

이런 청소년들이 가장 힘들어 하는 시기는 학년이 바뀌거나 새로운 학교로 진학할 때다. 익숙한 친구들과 헤어지고 새로운 친구를 사귀어야 하는데 어떻게 접근하며 말을 붙여야 할지 도통 모르기 때문이다.

심리상담을 받으러 오는 청소년들을 살펴보면, 공부를 얼마나 잘하느냐와 상관없이 학교에서 말을 걸 친구가 없으면 등교하는 것을 겁내며 고통스러워한다. 그런 이유로 자퇴를 하고 검정고시를 보겠다고 하는 아이들이 의외로 많다. 반면에 학교에 가서 말을 걸 만한 친구가 있으면 성적이 아무리 나빠도 자퇴하겠다는 말을 하지 않는다. 이런 것을 보면 사람에게 가장 필요한 것은 다른 사람들과 어울리는 사회성이지 어른들이 생각하는 것처럼 학업능력이 아닌 것 같다.

그렇다면 어떻게 해야 자녀들의 사회성을 발달시켜 줄 수 있느냐가 관건인데, 그것은 어렸을 적부터 상호작용을 통해 애착관계를 충분히 경험시키는 데 있다고 본다. 부모와 친밀한 관계를 형성한 아이들은 분리불안도 적게 겪는다. 그리고 속이 든든하기 때문인지 새로운 자극이나 처음 접하는 세계를 향해 건강한 호기심을 갖고 전진하는 경향을 보인다.

개성이라는
이름으로
튀는 사회

시아버지와의 갈등으로 힘들어하던 부인이 마침내 부부싸움을 하고 나를 찾아와 하소연했다. 시아버지가 워낙 괴팍한데, 전에는 남편이 어느 정도 방패 노릇을 해주었다고 한다. 그런데 최근에 남편이 아버지에게 증여를 미리 해달라는 요청을 하면서 그 방패 노릇을 하지 않는다는 것이다.

부인은 재미교포 2세로 결혼 전 미국에서 살았는데, 조기유학을 와서 외롭게 자랐던 남편을 만나 결혼한 후에 한국에 와서 생활하고 있었다. 부인으로서는 미국에 있는 친정 부모나 친구들을 떠나 한국에 와서 지내는 것이 큰 희생이고 양보였다.

이 부인의 최대 불만은 시부모가 시시때때로 자기네들을 오라 가라 하며 좌지우지하려 든다는 것이다. 자녀가 결혼을 했으면 응당 독립을 시켜야 하는 것 아니냐고 그 부인은 주장했다. 자기로서는 1년에 서너 번 정도만 찾아뵈면 족하다는 생각을 한다고 말했다. 그리고 이러한 견해를 시부모에게 피력한 적이 있다고 했다.

이 부인은 얼마 전에 자신이 좋아하는 가수가 일본으로 공연을 왔기에 시댁에서 가족모임을 한다고 부르는 것을 제치고 일본에 다녀왔다. 이런 사실을 알게 된 시아버지는 며느리의 태도에 노여움을 나타냈는데, 이에 대해 그 부인은 취미생활까지 시댁에서 왈가왈부할 수는 없다며 맞받아쳤다.

이런 식으로 시댁과의 사태가 악화될 경우 전 같으면 남편이 아내의 편을 들며 대신 싸워줬을 텐데, 이번에는 남편이 아버지에게 잘 보여야 하는 상황이었기 때문에 도리어 아내에게 참지 않고 나댔다고 짜증을 냈다. 그러자 부인은 남편마저도 믿을 수 없다며 과연 이런 남편과 함께 살아야 하느냐고 회의하는 지경에 이르렀다.

나는 그 부부에게 부모의 경제적인 지원을 받고 싶다면 어른들의 뜻을 존중해 주고, 간섭을 받지 않고 독립적으로 살고 싶다면 경제적으로 아무것도 바라지 말라고 말했다. 경제적인 지원은 원하면서 간섭한다고 싫어하는 태도는 이중적인 잣대라고 덧붙였던 것이다.

임용고시를 거쳐 부임한 여교사가 있었다.

그녀는 선생으로 일한 지 불과 2년도 채 안 되어 울화병을 안은 채 심리상담을 받으러 왔다. 자신에 대해 재원이라는 자긍심을 갖고 살았던 그녀는 발령을 받아 배치된 학교에서 교감 선생이 주도

하는 회식 자리를 피곤하다며 참석하지 않았다.

다음날 교감 선생이 신임교사가 그런 자리에 빠지는 거 아니라고 한마디 하자, 그 교사는 근무시간도 아닌 저녁 회식 자리에 갈 의무는 없지 않느냐고 반박했다. 이런 신임교사에게 교감 선생은 딱 부러지게 싫은 말을 하지는 않았지만 꺼려했다.

다른 교사들도 그녀를 탐탁치 않게 여겼지만 그녀는 아랑곳하지 않았다. 시간에 맞춰 출근해서 일하고 정시에 퇴근하는 식으로 독자노선을 걸었다. 그렇게 지내던 중 학년부장이 그녀에게 학생들의 캠프활동에 지도교사로 따라가라고 지시하자, 그녀는 그런 일을 공평하게 분배하지 않고 자기에게 더 시킨다며 참석을 거부했다.

그러자 교감 선생과는 달리 괄괄한 성격을 지닌 학년부장은 앞장서서 그녀를 고립시켰다. 이제는 학교에서 거의 모든 선생이 그녀와 말을 섞지 않았고, 그녀에게 가는 공지사항도 슬쩍 누락시켜 골탕을 먹일 정도였다.

보수성이 짙은 학교 사회에서 그녀의 태도는 젊은이의 톡톡 튀는 개성으로 여겨지지 않았고 이기적인 태도로 비쳐졌다. 상황이 이렇게 되자 점점 그녀에게 직장생활은 재미없는 것이 되고 말았다.

그런데 얼마 전 학부모가 그녀에게 거친 언행을 가하는 모욕적인 일이 벌어졌다. 이때 학교에서 그녀를 옹호해 주는 동료는 아무도 없었고, 그 신임교사는 학교에서 어떻게 그럴 수 있냐며 교육청에 민원을 넣었다. 일이 커지자 교장은 그녀에게 전출을 권했으며, 이런 상황에 억울함을 가득 품은 그녀는 상담자를 찾았다.

사회생활에서 자기편을 만들지 못한 그녀의 불찰을 내가 지적하자, 사람들과 엮이는 일은 피곤한 일이라 자기는 그럴 의사가 없다고 잘라 말했다. 그렇다면 자기를 응원하는 사람이 없다는 사실에 불만을 가질 필요가 없다고 내가 다시 말하자, 그녀는 다시 상담을 받으러 오지 않았다.

유교적 전통이 강했던 우리 사회에서는 불과 수십 년 전까지만 해도 집단주의적 가치가 지배적이었다. 특히 직위나 연령에 따른 서열이 강조되면서 일반적으로 자기를 내세우는 사람보다는 조용히 뒤로 빠져 있는 사람을 선호했다. 옳고 그름을 따지며 자기 목소리를 내는 사람에 대해서는 당돌하거나 되바라지게 여겼던 것이 사실이다.

하지만 서구 사회의 가치가 유입되면서 개인주의적 가치가 범람하기 시작했고, 그에 따라 집단이라는 전체보다는 개인이 중시되기 시작했다. 이와 아울러 개성이라는 이름 아래 개인의 특성이 부각되었다.

개성이란 한 개인이 가지고 있는 고유한 특성이나 취향이다. 남의 시선에 연연하지 않고 있는 그대로 드러내는 것은 용기를 바탕으로 하는 것이라며 근사하게 취급되기 시작했다. 그리하여 오늘날색다르면 일단 시선을 끌고, 그것이 멋있게 취급되기도 한다.

하지만 개성이란 이름 아래 주위 사람들의 이맛살을 찌푸리게 하는 일도 적지 않다. 개성이 멋있는 것이 되려면 주위와 조화를 이뤄야 하는데, 그렇지 못하고 튀기만 하기 때문이다. 사실, 그러한 것은 다듬어지지 않은 조야(粗野)한 것에 불과하다.

예전에는 어머니들이 자녀가 등교할 때 "학교에 가서 선생님 말씀 잘 듣고 친구들과 싸우지 말라"는 당부의 인사를 했다. 모난 돌이 정 맞는다고 도드라지게 나서다 질시나 질타의 대상이 되지 말고 조용히 지내라는 취지였다.

그러나 요즈음에는 튀어야 뒤처지지 않고 손해를 덜 본다는 인식이 있어 어머니들이 자녀에게 "거리낌 없이 행동하라"고 말하는 편인 듯하다. 일단 기가 죽지 않아야 한다며 남에게 피해를 주어도 제재하기보다는 방임하거나 감싸주기에 급급한 양육 태도를 보이기 일쑤다.

어느 나라에서든 소득이 높아지면 그만큼 사적인 생활을 중시하게 되어 개인주의화되는 경향을 보인다. 우리 사회도 예외는 아니어서 경제 성장과 아울러 개성천하 시대를 맞이했다.

만약 우리 사회의 경제 성장이 완만하게 이뤄졌다면 균형을 잡아가는 것이 좀 더 수월했을 것이라 본다. 갑작스러운 성장을 이룬 탓에 우리 사회는 물질적 풍요는 누리게 됐어도 다각적인 면에서 다듬어질 틈을 갖지 못한 것이 사실이다. 절제 있는 생활을 위한 기준이 없는 상태에서 과소비가 나타났고, 개성천하 시대를 맞이해 다소 어지러울 정도로 다양한 사람들의 모습이 나타났다. 게다가 좀처럼 다른 사람들의 행위에 입을 대기도 어렵고 설사 충언을 해줘도 들으려 하지 않는다.

자유에 책임이 따르지 않으면 방종이 되듯 개성에도 격조가 따라야 하는데, 아직 그 수준에 이르지 못한 경우가 많다. 특히 사생활을 존중한다는 미명 아래 비정할 정도로 다른 사람의 행위에 대해 말을 아끼다 보니, 숱한 젊은이들이 스스로 깨우칠 때까지 많은 시간을 흘려보내야 하는 시대다.

가치관 사이의
거센 충돌

3대 독자였던 남자는 자기 목소리를 똑 부러지게 내는 페미니즘적 관점의 여성을 사귀면서 그 매력에 푹 빠졌다. 결혼해서 딸 한 명을 낳고 그런대로 살던 부부에게 갈등이 나타나기 시작한 것은 시부모가 이 부부에게 둘째를 낳아야 하지 않느냐고 말하면서부터였다. 부인은 그럴 의사가 없다고 남편에게 분명한 입장을 밝혔는데, 남편은 부모의 말에 별 대꾸를 안 하는 식으로 응대했다. 부인은 시부모의 입김으로부터 자신을 보호해 주지 않는다며 남편의 태도에 불만을 가졌다.

그러던 중 시부모가 친인척이 하는 사업에 연루되어 집을 날리자, 아들은 본인의 이름으로 대출을 받아 부모님에게 작은 집을 마련해 주었다. 그러자 부인은 그런 남편에게 화를 내었고, 급기야 남편 입에서 이혼이란 말이 나오기 시작했다.

나는 이 부부를 상담하며 부인이 남편의 위치, 즉 아들로서의 역할에 대해서는 안중에 없어한다는 점에 주목했다. 늘 그러한 유형의 사안으로 부부 사이에는 늘 갈등이 있어왔기 때문이다. 외견상 우리 사회는 핵가족화를 이루었어도 혈연에 기인한 가족주의가 강하기 때문에 부모와 자녀 간의 유대는 쉽게 사라지는 게 아니라고 그 부인에게 말했다. 그런 사실을 인정하거나 받아들이지 못할 경우 부부 사이에 금이 가기 시작한다는 점을 간곡하게 일러주었다.

하지만 어렸을 때부터 여성으로서 피해의식에 예민해 있던 그 부인은 상담자의 말을 구식으로 간주했고, 결국 그들은 이혼 수순에 돌입하고 말았다.

또 다른 사례가 있다.

농촌에서 가난하게 청소년기를 보낸 한 남자가 혼자 도시로 나와 모진 고생을 하며 대학교를 마쳤다. 직장을 잡고 결혼을 하고 생활이 안정되자, 평생 땅이나 일구며 생일상 한번 번듯하게 차려 받지 못한 아버지에게 칠순잔치를 해드리겠다고 했단다. 하지만 아버지는 아들의 제안을 극구 사양했고, 그로 인해 아버지와 언쟁을 벌이던 그 남자는 아버지에게 어쩌면 그렇게 고집스러우냐고 비난했다.

그러자 아버지는 옷소매로 눈시울을 훔치며 인근에 사는 누님도 칠순잔치를 못하고 어렵게 사는데 동생인 자기가 어찌 그런 잔치를 벌이겠느냐며 말끝을 흐리더라고 했다. 이런 아버지의 말에 아들은

"고모는 이미 출가외인인데 뭐 그런 것까지 신경 쓰냐"며 툴툴거렸단다. 하지만 내심 형제간의 우애를 끔찍하게 여기는 아버지를 다시 보게 되었다고 했다. 비록 많이 배우진 못했어도 그런 아버지에게 새삼 깊이를 느껴 뭉클했다는 것이다.

상담이 아닌 일상적인 대화에서 나눈 이 이야기는 다시금 사람에게 가장 귀중한 게 무엇인가를 생각하게 해준다. 아버지가 고집스러울 정도로 고지식해 자식으로서는 힘이 들었고, 그리하여 어렸을 때 그는 아버지를 많이 원망했다고 한다. 하지만 지금은 아버지를 있는 그대로 받아들일 뿐만 아니라 비록 많이 배우진 못하셨어도 사람으로서 지켜야 할 도리나 인정을 지닌 것 같아 자랑스럽다고 그는 말했다.

어떤 가치관을 가졌느냐는 것은 그 사람이 무엇을 중시하며 생활하는가를 알려준다. 뿐만 아니라 다양한 상황에서 일관하는 가치가 어떤 것인지 예측할 수 있게 해준다. 그리하여 심리상담을 하는 데 있어 내담자가 어떤 가치관을 지니고 있는지 이해하는 것은 매우 중요하다.

농경사회를 이루었던 우리 사회는 집단주의에 속하는 나라로 윗사람을 섬기는 충효 사상과 위계를 따지는 상하 질서를 중시해 왔다. 하지만 서양 문물이 유입되면서 기존 사상의 폐단을 부각시키며 탈권위주의의 확산이 본격화됐다. 그리하여 이제는 수직적 위계보다는 수평적 평등성을 강조하는 사람들이 많아졌다.

하지만 문화라는 것은 하루아침에 형성되는 것이 아니듯이 그리 쉽게 변하는 것도 아니다. 숱한 세월이 흘러야 점차 퇴색되거나 변화하는 성질의 것이 문화다. 가령 자신의 욕구에만 충실한 듯 보이는 청소년들에게 "왜 공부를 열심히 하느냐"고 물었을 때, "자기에게 헌신하는 부모를 기쁘게 하기 위해서"라고 답하는 경우가 심심찮게 있다. 그 정도로 내면에서는 끈끈한 가족관계, 즉 상호 의존성에 길들여져 있다는 것이다. 그리하여 겉으로 보이는 모습과 행위에 있어서는 개인주의적 색채를 강하게 띨지라도 내적인 사고방식이나 관행, 정서 등에 있어서는 여전히 집단주의적 특성을 내포하는 혼재 양상을 띤다고 봐야 맞을 것이다.

오늘날 가치관의 충돌에서 비롯된 세대 간의 갈등이나 계층 간의 마찰은 그 어느 때보다 심각하다. 다양한 관점의 견해를 거리낌 없이 펼칠 수 있어야 건강한 사회라고 하지만, 각자마다 자기 나름의 견해가 타당하다고 고집하는 것을 보면 어지러울 정도다. 특히 최근의 촛불운동 이후에는 목소리가 더욱 다양해진 듯하다.

많은 사람들이 자신의 관점에 입각해 상대방이 틀렸다고 폄하하는 모습을 보이기도 한다. 지금은 자신의 관점이나 견해가 중요하듯 상대의 관점이나 견해도 중요하다는 시민의식이 필요한 시대다. 이러한 시대적 흐름에서 일반인들의 갈등이나 마찰을 해소하는 위치 한가운데에 서 있는 심리상담자의 역할은 그 어느 때보다 중요하다고 볼 수 있다.

이러한 이유에서 심리상담자는 보편적 상식이나 기준에 대해 필요한 안목을 반드시 지녀야 한다고 본다. 경우에 따라서는 내담자의 언행이 부분적으로는 합당하지만 전반적으로는 그 사회의 흐름에 반하는 점도 있다는 것을 간파하고, 통일성을 향해 가도록 내담자를 유도할 수 있어야 한다.

직면시키기를
꺼리는
상담 풍조

집단상담에 참석한 한 부인이 있었다. 아들이 가출해서 속이 지글
지글 끓는다고 했다. 어떻게 하면 아들이 나쁜 아이들과 교류하는
것을 끊고 집안으로 돌아오게끔 할 수 있느냐고 물었다.

　그런데 이 부인이 다른 국면에서는 굉장히 선도적인 역할을 하는
여성이었다. 자연파괴가 이런 식으로 이어지다가는 지구가 황폐화
된다며 환경보호운동에 관한 이야기를 틈틈이 하기도 했다. 그러자
한 남자가 어느 정도는 자연을 개발해야 사람들이 먹고살 수 있는
임금을 마련하지 않겠느냐고 반박했다. 남자의 견해는 일자리를 만
들어야 사람들도 먹고산다는 것이었고, 그 부인은 그런 시각이야말
로 단시안적이라며 논쟁을 벌였다.

　그 부인의 말이나 그 남자의 주장에는 다 나름대로 일리가 있었

다. 그런데 그 부인은 남자와 논쟁이 벌어지자 물고기가 물을 만난 듯 신바람을 내며 조목조목 반박하는데 그 모습이 아들 문제로 고심하던 사람이 맞나 하는 의구심이 들 정도였다. 말도 조리 있고 논리 정연했을 뿐만 아니라 박학다식해 보였다.

집단상담에서 공동작업자인 철쭉님이 그런 모습을 지켜보다가 그 부인에게 평소 환경운동을 하러 다닌다며 아들을 방치한 것 아니냐고 꼬집었다. 자기 잘난 맛에 온통 에너지를 밖으로 뿌리고 다닌 사람 같다고 한 것이다. 그러자 부인은 순식간에 얼굴을 벌겋게 달구며 고개를 푹 떨어뜨렸다.

나는 다시금 그 부인이 무엇 때문에 그렇게 잘난 척하는 것에 열을 올리며 정작 책임져야 할 아들 양육에는 소홀했는지 살폈다.

그 부인은 자기보다 잘나지 않은 오빠가 아들이라는 이유로 부모의 총애를 받자, 자기도 관심을 받으려고 엄청나게 노력했던 사람이었다. 그 덕에 좋은 대학교를 들어가긴 했지만 결혼 이후 경력 단절을 맞이하고 말았다. 하지만 그녀는 자신의 존재를 드러내기 위해 뭔가를 하지 않으면 견디기 어려워하는 습성대로 행동하다가 정작 아들에게는 소홀히 하고 말았던 것이다.

또 다른 사례로, 어떤 아가씨가 결혼을 앞두고 자신의 답답함을 누가 알겠냐며 집단상담에서 눈물지었다. 결혼식이 임박했는데 부모가 그다지 신경을 쓰지 않아 일일이 다 자기가 알아서 챙겨야 한단다. 시부모 될 사람들이 인사차 선물이라도 보내오면 그것에 대한 답례를 부모가 챙기지를 않는다고 했다. 그래서 자기가 부모를 대신해 인사를 차리는데 행여 저쪽에서 알게 될까 봐 이중으로 신경쓰다 보니 정말 지친다며 부모를 원망했다.

많은 사람들이 고개를 끄덕이며 자녀의 결혼에 대해 무신경한 부모를 둔 그녀를 안쓰러워했다. 그 분위기에 힘입어 그녀는 얼마 전에 있었던 속상한 일도 이야기했다. 이해받고 싶은 마음에 마냥 이런저런 속상했던 일들을 털어놓았다. 얼마 전에는 부모에게 인사시키기 위해 결혼할 남자를 집에 데리고 왔는데, 부모가 무엇을 물어야 할지도 몰라 그냥 인사만 꾸벅하고 자리에 앉아 있기만 했다는 것이다.

이윽고 남자가 돌아가겠다는 인사를 하고 나와서는 어째서 자기에게 물어보는 것이 하나도 없느냐고 의아해하더라고 했다. 그 말을 듣고 얼마나 창피했는지 모른다며 그 여자는 울음을 터뜨렸다.

이때 철쭉님이 그 여자에게 뭘 잘했다고 우느냐며 자식으로서 아버지를 그렇게 모르냐고 되레 야단을 쳤다. 그런 상황을 추단하지 못하는 아버지에게 어쩌자고 덜컥 그 남자를 데려와 아버지를 망신시키느냐고 질타한 것이다.

그러자 그 여자는 그렇다면 사위 될 사람을 결혼식장에서 처음 보게 하느냐고 반발했다. 결혼 전에 으레 인사를 시키는 게 당연하지 않느냐며 볼멘소리를 하는 것이었다. 이에 대해 철쭉님은 남이 장에 간다고 나도 장에 간다는 식이었다고 나무랐다. 아버지가 그 정도로 주변머리 없는 사람이라는 것을 알고 있었으면, 그냥 밖에서 지나가듯 슬쩍 소개를 하는 것으로 아버지의 약점을 가려주었어야 했다는 것이다. 만약 아버지가 그 정도인 줄 몰랐다면 그것이 더 큰 문제 아니냐고 했다. 얼마나 아버지에게 관심이 없었으면 아버지가 그 정도인지조차 몰랐느냐는 것이다.

그 여자는 더 이상 말하지 못하고 울었다. 다소 억울해하는 마음이 있는 것도 같았지만 철쭉님의 말이 전혀 이치에 틀린 말도 아니기에 입을 꾹 다물 수밖에 없는 듯했다.

나는 '저런 식으로도 직면을 시킬 수 있구나' 하며 놀랐다. 그 여자가 속상해하는 심정을 이해 못하는 바는 아니었지만, 그렇다고 부모를 원망하며 자신을 처량하게 여기는 태도 역시 바람직하지는 않다고 여겼던 게 사실이다.

그러한 직면 덕분에 그녀는 부모가 얼마나 무심한지에 대해 푸념하기보다 그냥 자신의 몫으로 받아들이는 듯했다. 그 정도로 취약한 사람들이 자신의 부모라는 사실을 자신의 현실로 인정하기에 이르렀던 것이다.

상담계에는 기본적으로 '내담자는 옳다'는 견해가 널리 확산되어 있다. 내담자 입장에서는 불안에 대처하기 위해 나름대로의 방어책을 쓴 것이 증상이나 문제로 나타난 것이라는 인식이다. 그리하여 상담자는 내담자의 모순적인 행동이나 병리적인 태도에 너그러운 태도를 보이는 것이 일반적이다. 그렇기 때문인지 상담자는 으레 내담자에게 지지나 공감적인 태도를 보여줘야 하고, 내담자 입장에서는 상담이란 위로를 해주는 것이라고 여기는 듯하다.

그런데 이런 식의 견해로 상담을 진행하다 보면 심각한 부작용이 뒤따를 수 있다. 뭐든지 치우치면 병폐가 나타나듯 내담자들이 자립심을 키우기보다 도리어 응석받이로 머물러 버리는 것이다. 물론 공감이나 지지를 통해 친밀한 관계(라포) 형성이 필요한 것도 사실이지만, 자칫 내담자를 변화시키기보다 더 의존적으로 만들어버리는 부작용이 생기기도 한다. 내담자가 비록 변화를 맞이한다 해도 너무 많은 시간이 필요하다.

심리상담의 목표는 '변화'다. 증상이나 문제의 원인에 대해 스스로 자각한 후에는 태도나 행동에 변화가 일어나야 한다. 그런데 내담자가 충분히 공감을 받으면 비로소 여유가 생겨나 스스로 자신을 돌아보고, 나아가 변화를 시도한다는 상담계의 믿음은 너무 낙관적인 것이다. 변화를 위해서는 기존의 습관이나 습성을 개선해야 하는데, 아픈 과정을 거치지 않고 어떻게 기존의 것을 버리고 새로운 시도를 감행할 수 있을까.

스스로 변화할 때까지 보듬어주거나 기다리지 않고 지적이나 비평을 가하면, 상처받았다고 항의하는 사람들이 많다. 사실 상처받았다는 말은 부당한 취급을 받았을 때 쓰는 말이지, 합당한 지적 앞에서 상처라는 말을 쓰는 것은 적합하지 않다. 차라리 '아프다'고 표현하는 것이 맞지 않을까 싶다. 사람은 만물의 영장이며 그 어떤 존재보다 강인하기 때문에 어지간한 자극이나 도전 앞에서는 얼마든지 견딜 수 있는 존재라고 믿는다.

사람은 다른 무엇보다 자존감을 중시하는 존재다. 그렇기 때문에 그것에 위배되는 일이 발생하면 체면이 구겨졌다는 부끄러움으로 인해 강한 충격을 느낀다. 다시 말해, 사람들이 가장 힘들어하며 꺼려하는 것이 수치심이 건드려지는 것이다. 그러므로 상담에서 이런 것을 잘 활용하면, 사람들은 더 이상 부끄러워지지 않기 위해 좀 더 다부지게 노력하게 된다. 즉, 그릇된 행동에 대해 지적함으로써 부끄러움을 느끼게 해 변화에 대한 동기를 극대화시키는 것이다. 그리하여 수치심을 자극하는 것은 태도 변화를 위한 가장 강력한 방법 중 한 가지다.

바로 '직면'이 그러한 역할을 하는 것으로 모순점을 지적하거나 표리부동(表裏不同)의 사실을 짚어주는 식으로 일깨워준다. 사람들은 보통 자신을 주관적인 관점으로 바라보는데, 타인이 보는 '나'와 내가 보는 '나' 사이에는 다른 점이 있기 마련이다. '직면'은 객관적으로 자신을 바라보게 하는 것으로, 타인을 통해 거울을 보듯이 비춰줌으로써 자신의 인정하고 싶지 않은 부정적인 요소를 보게 한다. 그러면 사람들은 부끄러운 나머지 남들이 알세라 얼른 변화를 시도한다. 명약이 독성을 가지고 있기 때문에 효과를 발휘하듯 직면은 그러한 속성을 지닌 것으로서 태도 변화를 가장 빠르게 해주는 방법 중 하나다.

상담자가 라포 형성 후 직면을 시도하면, 자신의 부족함을 얼마나 있는 그대로 받아들이느냐 하는 수용 정도에 따라 내담자의 건강성이 드러난다. 건강한 사람은 직면의 상황을 받아들이고 부족함을 소화시키려고 노력하는 과정에서 '성장'을 맞이한다.

'직면시키기'는 다르게 표현하면 '쓴소리'다. 직면을 어느 시점에 어느 정도의 강도로 시행하느냐 하는 것은 전적으로 상담자의 역량과 비례한다. 가늠을 잘 하지 못하고 과도할 경우에는 독성으로 인해 역효과를 내기도 하고, 그 반대로 너무 미온적이었다가는 시간 낭비가 된다. 직면 기법은 숙련된 상담자가 적용할 수 있는 것임에 틀림없다. 아무튼 내담자에게 많은 성과를 가져다 주는 강력한 기법이므로 잘 사용하면 아주 유용하다. 원래 유능한 상담자는 고통을 동원할 줄 알아야 한다는 말이 있는데, 직면은 그러한 말과 일맥상통하는 기법이다.

책임 소재를
과거나 외부로
돌리는 경향

결혼한 지 2~3년 정도 되는 여성이 상담실을 찾아와 어렸을 때 오빠에게 성폭행당한 이야기를 하며 울먹였다. 오빠에 대한 분노가 잊히지 않아 좀처럼 자신의 생활에 안정을 찾기가 어렵다고 했다. 뿐만 아니라 다니고 있는 학교에서 다른 남자를 볼 때도 불편하고 학업에 집중하기가 어렵다는 것이다.

정녕 오빠와의 불미스러운 일로 남자를 제대로 보지 못한다면 어떻게 결혼을 할 수 있었단 말인가 하는 의문을 떨치기 어려웠다. 그리하여 그 여성의 말을 중간중간 저지하며 현 시점에서 가장 곤란을 겪는 문제가 어떤 것인지 집중적으로 탐색했다.

그녀는 대학원에 다니던 중 결혼을 하느라 미처 졸업논문을 쓰지 못했다. 결혼 후 출산을 한 다음 아이를 어느 정도 떼어놓을 수 있게 되자 그녀는 복학을 해서 논문을 마치려고 하는 중이었다. 그런데 그녀의 입학 동기들은 다 졸업을 한 뒤라 주변머리가 없는 그녀는 논문에 대해 누군가에게 묻거나 도움을 받기가 어려웠다. 그리하여 좀처럼 논문에 대한 진척을 이루지 못하자 스트레스를 많이 받았고, 그녀는 그것을 오빠를 향해 터뜨리고 있었다.

이렇게 그녀의 당면 문제를 논문 준비에 대한 어려움이라 여기고, 이런 어려움을 겪게 된 계기는 동기들이 다 졸업하고 없는 학교에 복학한 것으로 보았다. 그런 다음 비로소 그녀가 핑계대고 싶어 하는 오빠와의 사건에 귀를 기울였다. 강단이 있다면 입학 동기들이 다 졸업했어도 학교에 있는 다른 사람들을 사귀며 도움을 받을 수 있을 텐데, 어찌하여 그렇게 주변머리 없는 사람이 되어 주위 사람들에게 도움을 청하지 못하는지 살펴보고자 했다.

그녀가 말하는 오빠와의 불미스러운 사건은 부모가 일하느라 집을 비운 사이 일어난 일이었다. 오빠도 어린 나이였고 그녀도 어린 나이였을 때 남매간에 일어난 성폭행이었다. 내담자는 그러한 오빠를 용서할 수 없다며 만나서 사과를 받아야겠다고 했다.

난감한 일이 아닐 수 없었다. 한국 사회에서는 혈연인 가족을 수시로 만난다. 만약 여동생이 오빠에게 그 이야기를 거론하면 사과와 용서의 말은 오고갈 수 있겠지만, 서로 껄끄러워지기 때문에 가족관계는 깨지게 마련이다. 어렸을 적의 그런 사건을 개방하는 것에 대해서는 득과 실을 따져보지 않을 수 없었다.

결국 나는 그녀에게 오빠에게 그런 일을 당한 것은 딱한 일인데,

종국적인 책임은 부모에게 있다고 말했다. 왜냐하면 그녀도 어린아이였지만 두 살 위의 오빠 역시 미성년자에 불과했으니 천지 분간이 어려워서 그런 일을 저지른 것 아니냐고 했다. 그리고 그런 불상사로 남자가 불편했으면 어찌 연애를 했으며 결혼까지 하게 됐느냐고 반박했다. 현 시점에서 그녀를 가장 힘들게 하는 것은 오빠가 아니라 논문의 진척을 이루지 못하는 본인의 주변머리 없음이라고 지적했다.

처음에는 울며불며 펄쩍 뛰었지만 결국 그녀는 시인했다. 그러면서 어떻게 해야 되느냐고 내게 물었을 때, 내가 어느 정도까지는 논문 지도를 해주겠다고 약속했다. 그리고 나서 논문계획서를 제출하기 전까지 제목이나 가설을 잡는 데 도움을 주기도 했다.

다른 사례도 있다.

집단상담에 참석한 40대 초반의 부인이 어려서 부모가 자주 싸우는 바람에 얼마나 서럽게 자랐는지를 말하며 눈물지었다. 아직까지도 부모는 싸우고 있는데 그런 부모를 보면 속이 많이 상한다고 했다. 많은 사람들이 그녀가 기를 펴지 못하고 살았던 세월이나 아직도 싸우는 노부모를 바라보는 딸의 심정에 대해 위로의 말을 건넸다.

하지만 청소년도 아니고 이미 결혼해서 아이까지 둔 부인이 어렸을 적의 서러움에 대해 눈물짓는다는 게 석연치 않았다. 현 시점에서 무엇이 불편해 옛날 일까지 떠올리며 슬픔을 증폭시키는지 궁금

했다. 그리하여 근래에 어떤 일이 있었는지 다시 물었다.

그녀가 다시 내놓은 문제는 여동생이 시원찮은 남자와 결혼하려 한다는 것이었고, 그 얘기를 꺼내며 속상하다고 또 울었다. 이때에는 다른 사람들도 의아해했다. 여동생이 반대하는 결혼을 고수하면 언니로서 서운할 수는 있겠지만 울기까지 할 일이냐고 의아해한 것이다.

그것 역시 둘러대는 핑계에 불과하다고 여긴 나는 다시 탐색의 고삐를 늦추지 않았다. 그러자 결국 드러난 문제는 남편이 자기와 결혼하기 전에 사귀었던 여자를 끊지 못하고 아직도 질질 끌려다니고 있다는 사실이었다. 우연한 기회에 그 사실을 눈치챘지만 그녀는 차마 남편에게 내색조차 하지 못하고 있었다.

의존 성향이 짙었고 두 자녀까지 둔 그녀는 남편을 무척 좋아했다. 남편과 살긴 살아야겠는데 이전의 여자를 강단 있게 정리하지 못하고 다시 만나는 남편을 야속해하면서도, 그 사실을 내색하면 남편이 화를 낼까 봐 두려워하고 있었던 것이다.

이런 사실을 집단상담에서 솔직하게 말하면 다른 사람들이 자기를 등신 취급할 것 같아 겁을 낸 것이다. 왜 그런 남자와 사느냐는 비난을 듣게 될까 봐 두려웠고, 나아가 남편이 옛날에 사귀던 여자에게 끌려다닌다는 것을 알면서도, 마음 한편에서는 남편이 자기에게 실망한 나머지 다시 옛 애인을 만나는 것이 아닌가 하는 자신에 대한 회의를 품고 있었다.

사태의 진위를 파악한 나는 남편이 그 여자를 다시 만나고 있다는 사실을 알게 된 이상 부인으로서 다부지게 대응해야 한다고 말했다. 하지만 그녀는 다부지게 대응하는 게 어떻게 하는 것인지 막막하다며 울었다.

이렇게 되자 비로소 나는 그 부인이 어떻게 자랐기에 그토록 자신감을 지니지 못하는지 살펴보기 시작했다. 즉, 그녀의 성장 과정을 쭉 훑어보면서 그녀가 어떤 면에서 부실한지 밝히고 그것이 남편의 사태에 어떻게 반영되고 있는지를 바라보게 했다.

상담자로 활동하다 보면 내담자들이 좀처럼 상담을 받으러 온 직접적인 계기를 말하지 않는다는 사실을 발견한다. 현재의 살아 있는 상황을 말하기보다는 자기가 어렸을 때 어떤 상처를 받았는지에 대해 소상하게 말하려 드는 사람들이 많다. 이를테면 집안환경이 그리 좋지 않아 고생을 했다든가, 형제들 중 별난 사람이 있어 차별 대우를 받았다거나, 성폭력과 같은 상처를 경험했다든가 하는 내용을 서두에 내놓아 자기가 일찍부터 피해자로 살아왔다는 사실을 은근히 알리려 한다.

이런 이야기에 상담자가 관심을 기울이면, 강화(强化)를 받은 내담자는 그런 이야기를 더 상세히 하느라 여념이 없다. 보통 그렇게 해서 첫 회기나 둘째 회기를 내담자의 성장 과정에 대한 이야기로 메우는 경우가 많다. 이렇게 되면 이미 그 상담은 도움을 주고받을 수 있는 것이 되기 어렵다. 심리상담이란 생생하게 살아 있는 갈등이나 당면한 문제에 역점을 두어야 성과를 내지, 그렇지 않으면 그냥 회포를 풀며 위로나 받는 식의 상담이 되어버리기 때문이다.

내담자가 하는 이야기 중에 상담자가 관심을 기울이는 대로 내담자는 그쪽으로 더 자세한 이야기를 한다. 아이를 키울 때도 부모가 칭찬하거나 혼내는 부분으로 아이는 더 강화되는 경향을 보인다. 강화에는 플러스 요인과 마이너스 요인이 모두 있는데, 이것이 점점 습관으로 굳어지기도 한다. 좋지 않은 방향으로 강화가 되면 현실 속에서 문제를 일으키고, 나아가 심리적인 문제로도 발전할 수 있기 때문에 상담자는 균형을 유지하는 것이 매우 중요하다. 엄부자모의 모습으로 부드러움과 단호함을 양손에 쥐고 균형 잡힌 인간으로서 내담자를 대해야 한다.

그렇다면 내담자들은 왜 이미 오래 전의 아픔부터 토로하려고 드는 것일까? 그것은 상담자를 자기편으로 끌어들이고 싶은 무의식적인 의도일 수도 있고, 자신의 잘못에 대한 방어이거나 현 상황에 대한 자신의 몫을 인정하기 싫은 탓일 수도 있다.

손뼉도 마주쳐야 소리가 난다고 현재의 갈등에는 상대방의 몫만 있는 것이 아니라 일부 자신의 몫도 있다. 그러나 내담자는 그것에 대한 합리화를 위해 자기는 이러저러한 배경에서 그런 성격이나 습성을 형성한 탓에 그렇게 할 수밖에 없었다는 식의 변명을 미리 해두려고 한다. 설사 어린 시절에 잘못을 저질렀다 해도 본인은 어렸기 때문에 책임이 없고 전적으로 주위 사람들의 잘못이 되는 것이다. 하지만 이미 성인이 된 상태에서의 잘못은 본인에게도 책임이 있기 때문에 그것을 가리기 위해 원거리에 있는 것들을 깔아놓는 식이다.

  그렇기 때문에 상담자는 상담 서두에 내담자가 현재 가장 힘들어
하는 실체가 무엇인지 파악하는 데 역점을 두어야 한다. 내담자가
과거에 어떤 상처를 입었는지에 대해서는 내담자의 배경을 살필 때
점검할 내용이지, 현 시점의 시급한 문제는 아니고 어디까지나 배
경으로서 따질 내용이다. 즉, 현재의 어떤 불편한 마음이 지나간 과
거의 상처를 끄집어내어 갈등을 더 증폭시키는지 봐야 한다는 것이
다. 이런 점을 분명히 하지 않으면 살아 있는 현재가 아니라 지나가
버린 과거를 중심으로 한 상담이 되어버리기 십상이다.

  특히 상담을 시작하는 초반에 문제의 실체를 명확하게 확보해 둬
야지, 그 시기를 놓치고 언제든지 들을 수 있는 과거 이야기를 하도
록 허용할 경우 상담은 어려워진다. 시간이 지남에 따라 상담자를
처음 찾아왔을 때의 불안정은 진정되어 버리기 때문에 실제 문제의
파악은 더욱 어려워진다. 이러한 까닭에 상담의 초반인 1~2회기에
서 내담자의 현안 문제를 이해하는 작업이 필요하다.

  다시 말해, 내담자가 과거를 쭉 풀어놓듯 말하는 것을 그냥 내버
려둘 것이 아니라 상담을 통해 우선적으로 도움받고자 하는 사안이
무엇인지부터 확실히 해두어야 한다는 것이다. 그리고 나서 그 문
제가 무엇을 계기로 발생됐는지 살펴보고, 그런 다음에 그 사람의
취약성이 어떤 계기로 활성화되는지를 살펴볼 때 비로소 과거의 성
장 과정이나 경험이 참조되도록 해야 한다는 것이다.

원래 등잔 밑은
어두운 것인지

대기업 생산직에 근무하는 어떤 남자가 원가족(예를 들어 부부라면 남편은 친가, 부인은 친정 식구를 말함)에 대한 화병으로 직장 내 상담소에서 오랫동안 상담을 받으며 약까지 복용하고 있었다. 그러다 최근에 상태가 더 악화되자 상담자는 그를 내가 주최한 현실역동 집단 상담에 보냈다.

　그의 외모는 오랫동안 골병을 앓았기 때문인지 누가 봐도 환자처럼 보였다. 바짝 말라 있는 데다 퀭한 눈매를 보였다. 그러면서도 간간히 유머를 구사하기도 했다.

　철쭉님이 언제부터 아프게 되었느냐고 묻자, 그는 남동생이 결혼을 하고 나서부터는 형인 자기가 병든 아버지를 만나지도 못하게 훼방을 놓는 등 이해할 수 없는 행동을 한다며 이야기를 이어갔다.

어머니를 일찍 잃는 바람에 불쌍히 여기며 각별히 챙겨주던 동생인데 갑자기 그렇게 행동하니 이해하기 어려워 울화병을 앓게 되었다는 것이다.

이런저런 이야기를 듣던 철쭉님은 그에게, 남동생이 결혼하고 나서 아버지가 가지고 있는 땅을 독차지하기 위해 아버지가 형에게 푼념하는 것을 기회로 삼아 형을 배제하는 것 같다고 했다. 전혀 생각지도 못했던 말을 듣고 놀란 그는 한동안 넋을 잃을 정도로 멍하니 앉아 있었다. 이윽고 도무지 이해할 수 없었던 조각들이 하나로 맞춰지자, 그는 정녕 땅 때문이었다면 진작 말하지 왜 그토록 사람을 골병들게 했느냐며 울부짖었다.

그 다음날 그는 자기가 딱하게 여기며 살펴주었던 동생이 그까짓 얼마 되지도 않는 아버지의 땅을 차지하기 위해 형인 자기를 그토록 골병들게 했단 사실을 인정할 수 없었는지 자기 동생이 그럴 리 없다며 항변했다. 도리어 진실을 알게 해준 우리 상담자를 향해 공격하듯 비난했다.

하지만 아무리 부정하고 싶어도 부정할 수 없었는지 그는 다시금 일찍 돌아가신 어머니가 원망스럽다는 식으로 눈물을 흘렸다. 어머니만 살아 계셨어도 이런 어처구니없는 형제간의 불화는 생기지 않았을 것 아니냐며 한탄했다. 그러면서 한없이 외로움이 밀려온다고 넋두리했다. 그리고는 어쨌든 동생을 용서하겠다고 다짐했다.

이런 그에게 나는 반가움을 나타냈지만, 나와는 달리 철쭉님은 용서하겠다는 초심을 잃지 말라는 당부를 간곡하게 했다. 그런 철쪽님의 태도가 이상하여 왜 그러냐고 묻자, 철쭉님이 이런 대답을 했다. "막상 일이 닥치면 사람들은 배포 크게 용서를 하는 편이지만, 시간이 지나면서 여유가 생기면 괘씸하다는 생각이 새록새록 들면서 뒤늦게 분노에 치를 떨지요. 그가 동생을 용서하겠다고 했지만 나중에는 달라질 가능성이 높습니다. 그리하여 부디 초심을 잃지 말라고 당부했던 것이요."

아니나 다를까. 집단상담에서 아무리 동생이 그렇게 어리석은 짓을 했어도 혈육이니까 용서하겠다고 말했던 그가, 병들었던 아버지가 돌아가신 이후 점점 증폭되는 동생에 대한 분노를 가눌 길이 없어 무진 애를 먹고 있었다.

또 다른 사례가 있다.

공무원인 젊은 여성이 발표공포증을 갖기 시작하더니 그것이 확대되어 이제 직장에서 업무를 수행하기 힘들 정도가 되었다. 그리하여 어떤 상담자에게 상담을 받기 시작했는데, 그 상담자는 대상관계 이론(현재의 인간관계가 과거에 형성된 인간관계에서 영향을 받는다는 이론)에 입각해 그녀를 상담했다.

그 여성은 그리 넉넉하지 못한 집안에서 태어나 어려서부터 수줍어했고 외로움을 겪으며 자랐다. 대학교에 합격은 했지만 1지망이 아닌 2지망으로 이과계열의 전공을 했다. 본인은 재수하기를 원했으나 이참에 진학하지 못하면 영영 대학교를 못 가게 될 수도 있다며 어머니가 극구 말려 그냥 입학하고 말았다.

하지만 적성에 맞지 않는 전공 때문에 대학생활에 재미를 붙이지 못한 그녀는 교회에 나가 사람들과 어울리는 재미로 살았다. 그러다가 직업활동은 하지 않고 시를 쓰는 것에 빠져 살고 있는 남자를 사귀었다. 그녀는 적성에 맞지 않는 전공이었지만 어쨌든 무사히 마치고 열심히 준비해 공무원 시험에 합격했다. 그러나 그 남자는 여전히 직장을 잡지 못했고, 그 남자가 취직하기를 기다리고 기다리다 지친 그녀는 다른 남자를 소개받았다. 마침내 그녀는 사귀던 남자와 헤어지고 새롭게 만난 남자와 결혼했다. 자녀도 낳고 그런대로 생활을 영위하던 그녀에게 발표공포증은 느닷없이 나타났다.

이전의 상담자는 이 내담자가 어려서부터 위축되게 자랐던 점을 문제로 여기고, 그녀가 어렸을 때 소극적이었던 경험이 이어진다고 여겼다. 그리하여 상담자를 대상으로 표현을 자유롭게 하도록 연습시키는 데 주력했다. 하지만 상담을 시작한 지 7~8회기가 지나자 내담자는 더딘 진전에 안달하며 하루빨리 낫기를 기대했다. 그래서 상담자는 그녀를 내가 운영하는 집단상담에 보냈다.

나는 그녀가 무엇 때문에 발표공포증을 갖게 됐는지 탐색했으나 좀처럼 살펴내지 못해 고전했다. 그러자 옆에서 지켜보던 철쭉님은 그녀에게 연애를 해본 적이 있느냐고 물었고, 그렇다고 대답을 하자, 또 그 남자와는 왜 헤어지게 되었는지 물었다. 어느 정도 이야기를 듣다가 느닷없이 철쭉님은 그녀에게 옛 애인을 만나느냐고 물었다. 그 순간 그녀가 당황해 쭈뼛거리자 변명할 틈을 주지 않고 다시금, 그 남자에게 용돈도 주느냐고 몰아세웠다.

전혀 예상하지 못한 방향에서 그녀를 다그치는 게 의아했는데, 더욱 놀라웠던 것은 그녀가 아니라고 부정하지 못하고 움츠러드는 태도를 보인다는 점이었다. 전혀 예상치 못한 지점에서 상대가 허를 찌르듯 지적할 경우 누구나 당황스럽게 마련이지만, 얼토당토않은 점을 지적했다면 누구나 펄쩍 뛸 것이다. 하지만 그녀는 아니라며 펄쩍 뛰는 대신 순간적으로 고개를 떨어뜨렸다.

이런 그녀의 모습에서 그렇다는 확신을 가진 철쭉님은 그런 엄청난 사실을 숨기며 살려니 겁이 안 났겠느냐고 했다. 남편에게 서운한 마음이 생기자 예전에 자기에게 다정하게 해주었던 옛 애인에게 연락을 취해봤고, 그때부터 다시 만나기 시작한 것이 양심에 부대끼니까 다른 사람들의 시선이 집중되는 것이 부담스러운 발표공포증을 앓기 시작했다는 것이다.

나를 비롯한 집단원들은 철쭉님이 호통 치는 것을 통해 앞뒤 사정을 꿰기 시작했다. 그러면서 내담자가 증상의 퇴치를 간절히 원하면서도 그것이 생겨난 이유에 대해서는 전혀 자각하지 못하거나 악착같이 숨기려 한다는 사실에 놀라워했다. 이런 이중성은 의식적인 차원에서도 이뤄지지만 본인도 까맣게 모르는 사이 무의식적인 차원에서도 이뤄진다는 사실을 그때 실감했다.

바로 이런 이유 때문에 상담자가 가장 조심해야 할 대상은 자신이 돕고자 하는 내담자다. 다른 사람들은 상담자가 얼마나 고지식하고 순진한지 세밀하게 몰라도, 내담자만큼은 자기가 숨기거나 거짓말하는 것에 상담자가 얼마나 쉽게 속아 넘어가는지 잘 알기 때문이다.

사람은 동물과 달리 부끄러움을 아는 존재라고 한다. 그렇기 때문에 아무리 심리상담이 비밀을 나누는 것이라 해도 내담자는 거의 반사적으로 자신의 치부를 가리려고 하거나 잘못을 최소화시켜 말하려는 경향을 보인다. 이런 경향에 대해 솔직담백하지 않다고 탓할 게 아니라 부끄러움을 아는 고등한 존재이기 때문에 그렇다고 헤아려줘야 하지 않을까 싶다.

언젠가 철쭉님은 내게 내담자들이 하는 말을 반 정도만 믿으라고 한 적이 있다. 내담자를 존중하고 믿는 것을 원칙으로 하는 상담자로서 처음에는 그러한 충고에 적지 않은 당황을 했다. 예전의 나는 사실, 내담자가 모순되는 말을 해도 그의 무의식까지 뒤져 어떻게든 납득할 만한 연결고리를 만들어 이해하려고 했다. 내담자가 그렇게 하는 데는 나름의 이유가 있다느니, 내담자 입장에서는 다 옳다느니 하는 말을 신봉했었다.

그리하여 철쭉님의 견해를 받아들이지 않고 내담자의 말을 곧이곧대로 믿으려 하자, 철쭉님은 장 교수가 심리학을 공부하지 않았으면 아마 더 똑똑한 여성이 되었을 것이라고 말했다. 당신의 눈에는 내담자가 거짓말하는 게 뻔히 보이는데 내가 고집스럽게 믿으려 하는 게 답답하다고 했다. 급기야 어느 날은 "콧구멍이 두 개여서 숨 쉬고 살지 한 개였으면 벌써 막혀 죽었을 것"이라고 쓴소리를 하기도 했다.

"상담이란 내담자가 현 시점에서 고통스러워하는 문제를 명확하게 파악해 그것을 해결하도록 돕는 것이 아니냐"는 것이 철쭉님의 이야기였다. 하지만 나는 그런 현실적인 것보다 심리적인 것에 무게를 두고, 상담은 내담자의 갈등에 대해 공감이나 분석을 통해 풀어주는 것이라고 여겼다.

처음에는 이런 관점의 차이로 거리를 좁히지 못해 어정쩡하던 때도 있었지만, 철쭉님의 말을 전적으로 부정할 수 없었던 것은 내담자의 말을 액면 그대로 믿다가 어처구니없는 상황에 처하곤 했기 때문이다. 그때마다 철쭉님의 도움을 받아 타개하곤 했으니, 내담자가 진실을 있는 그대로 다 말하지 않는다는 사실을 가장 혹독하게 체험했던 인물은 바로 나 자신이다. 내담자는 고의적으로 진실을 다 말하지 않는 경우도 있지만, 자기도 모르는 사이 거의 본능적으로 그렇게 한다는 것을 후에 깨닫게 되었다.

어쨌든 내담자로서는 자기가 하고 싶은 말을 다해야 여유를 갖게 되고 그제야 객관성을 지니기 때문에, 일단 다 들어주는 과정이 필요하다고 주장하는 사람들도 있다. 어떤 면에서는 일리가 있기는 하다. 그러나 문제는 시간의 제약이다. 상담을 할 수 있는 시간이 충분하다면 내담자가 충분히 말하도록 하고 여유 있게 들어주는 태도를 취해도 된다. 하지만 15회기 내외의 시간제약을 받는 단기상담에서 그렇게 하다가는 늘어지는 식의 밑도 끝도 없는 상담을 하기 십상이다. 상담 회기가 점점 짧아지는 현대 사회에서는 상담자가 좀 더 적극적으로 개입해 문제의 핵심을 단시간 내 파악할 필요가 있다.

과연 어떻게 하면 짧은 시간 내에 내담자의 문제를 파악할 수 있을까? 그것은 전적으로 상담자의 안목과 비례한다고 볼 수 있다. 특히 상담자가 사회적 상식이나 기준을 갖추고 있다면, 내담자가 갈등이나 문제에 대해 얼핏 내비치기만 해도 그것이 무엇을 의미하는지 알아차리고, 나아가 그러한 말에 어떤 모순점이 있는지 판단할 수 있다는 것이다. 이런 까닭에 상담자는 필히 상식, 즉 많은 사람들에게 공유되는 보편성이 무엇인지 알고 있어야 한다. 내담자들이 내보이는 개별성에만 민감해서는 곤란하다는 것이다.

수많은 사람들을 상담하며 보고 느낀 것들이 많았다. 내 눈에 비친 세상은 풍요로움과 척박함의 양면을 지닌 곳이었다. 특히, 서양 사회에서 발달한 상담이론들이 그 사회의 가치를 반영하기 때문에 우리 사회의 문화권에서 불협화음을 일으키기도 한다는 것을 종종 발견했다. 그리하여 이런 것들을 밑거름으로 삼아 나는 한국적 문화를 감안한 상담 모형으로 현실역동상담을 창안해 내기에 이르렀다.

어느 신부의 신앙 고백

천주교 의정부교구 한양CPE센터 고종향 신부

"조금 떨빵하지요?"

철쭉님의 이런 말에 이어 어디선가 신음처럼 탄식하는 소리가 잠깐 들리더니 이내 적막이 흘렀다. 나는 이게 무슨 상황인가 싶어 소리가 들려온 쪽을 보았다. 철쭉님은 어리둥절해하는 나에게 다시 말씀하셨다.

"평판이라는 것이 있지 않소?"

그제야 얼굴이 화끈하게 달아오른 나는 알아들었다고 서둘러 말씀드리고 이내 고개를 숙였다.

나의 초대로 현실역동 집단상담에 참여했던 한 여성에 대해서 집단원들의 부정적 피드백이 연일 계속 이어지자, 마침내 보다 못한 내가 그녀를 두둔하고 나서면서 생긴 일이다. 집단원 중 하나가 이

상황에 내가 왜 그렇게 두둔하며 나서는지 모르겠다며 점잖게 제지할 때까지만 해도 나는 무엇이 문제인지도 모르고 방금 전에 하던 말을 그대로 반복하고 있었다. 그때 들려온 철쭉님의 그 한 마디가 나에게 그대로 촌철살인이 되어, 그야말로 조금 떨빵한 내가 현실 역동상담의 진수를 맛볼 수 있는 기회가 된 것이다.

지금 와서 다시 생각해 보면 내가 아무리 떳떳하다고 해도, 중년의 가톨릭 신부가 비슷한 연배의 여성을 초대해서 5박 6일이나 되는 기간을 함께 지내는 상황을 만든 것부터가 집단원들의 상식을 벗어난 일이었을 것이다. 또 그런 이상한 초대에 선뜻 응한 여성은 도대체 무슨 마음이었을까 생각해 보면, 그녀가 나에게 아무런 사심 없이 그 많은 시간과 비용을 투자하겠다고 마음먹기는 힘들었을 것이다. 그럼에도 나는 그저 어려움에 처한 이를 돕는 것만이 가장 중요했을 뿐 상대가 나로 인해 어떤 마음을 가지게 될지에 대해서도 책임감을 느껴야 한다는 것은 꿈에도 생각지 못했던 것이다. 이렇게 내가 철부지 아이처럼 그저 좋은 마음만 있으면 다 되는 줄 알고 덤벙거리며 다니고 있었으니, 설사 그녀가 가져온 문제가 정말로 급박하고 힘든 것이었다 해도 사람들 눈에 나와 그녀의 관계는 결코 평범하게 보일 수 없었을 것이다.

하지만 그 당시의 나에게 이 모든 상황들은 전혀 이상하지 않았고 오히려 지극히 자연스러운 것이었다. 왜냐하면 어려서부터 가톨릭 신앙 안에서 자라온 나는 그게 무엇이 됐든 남에게 잘 보이려고 하는 것은 모두 위선으로 여겼으며, 사람들이 뭐라고 하든 상관없이 나만 하느님 앞에서 떳떳하면 된다는 신념으로 똘똘 뭉쳐 있었기 때문이다. 이렇게 나는 좋게 말하면 종교적 신념이요, 달리 말하면 아집일 수밖에 없는 고집을 부려가면서 다른 사람들의 말을 귓등으로도 듣지 않고 가볍게 내쳐버리는 삶을 살아왔던 것이다. 물론 장성숙 교수님은 이미 개인상담을 통해 나의 이런 태도가 얼마나 위험한 것인지 알려주며 여러 번 주의를 주셨다. 그럼에도 불구하고 내가 여전히 그 말씀을 귀담아듣지 않으니까 나를 철쭉님이 계시는 현실역동 집단상담에 초대하셨다. 그 덕분에 나는 평판에 신경쓸 줄도 모르는 '떨뻥한 고집쟁이'였음을 깨닫고 얼굴이 달아오를 정도의 부끄러움을 몸소 체험하는 큰 선물을 받을 수 있었다.

하지만 이렇게 큰 선물을 받았다고 해서 내 삶의 모습이 이전에 비해 확 달라졌을까? 불혹의 나이를 넘기며 몸에 배어버린 습관이 한 순간의 통찰로 하루아침에 바뀐다면 그것은 기적일 것이다. 당연하게도 나에게 그런 기적은 쉽게 찾아오지 않았다. 그 대신 5박 6일의 집단상담을 참여하면서 교수님과 철쭉님께서 귀에 못이 박히도록 사람들에게 자주 이르시던 말씀 하나가 기적과 같이 내 가슴에 들어와서 박혔다. 그것은 "사람이 변화하기 위해서는 그저 부단히 노력을 기울여야 한다"는 말씀이었다. 사실 너무 당연해서 그냥 한 귀로 듣고 한 귀로 흘려버릴 법도 했을 그 말이 어찌된 영문인지 내 마음에 남아서 계속 움직이고 있었다. 그 덕분에 나는 그때부터 지금까지 현실역동 집단상담에 지속적으로 참여하려고 노력하고 있다.

집단상담에 참여하는 횟수가 늘어날수록 나의 다듬어져야 할 모습들이 하나하나 드러나기 시작했다. 그것은 가톨릭 신부라는 이유만으로 신자들 품에서 너그럽게 받아들여지던 나의 뾰족한 가시들과 휘어진 면면들을 새삼스레 재확인하는 작업이기도 했다. 이제 중요한 것은 '그래서 내가 어떻게 변화해 갈 것인가' 하는 질문에 응답하는 것이었으며, 이렇게 그때그때 보이는 대로 하나하나 다듬고 바로잡아가는 노력을 그치지 않는 것 외에 다른 답은 있을 수 없었다.

이 과정이 어찌 나에게 아프고 힘들지 않았겠는가? 그럼에도 나는 '여기가 아니면 어딜 가서 또 이렇게 소중한 재성장의 기회를 가질까' 하는 생각을 하며 비록 더디더라도 찬찬히 나 자신을 다듬어가려는 노력을 멈추지 않았다. 그리고 오늘도 나는 내게 허락되는 시간과 비용을 가능한 끌어모아서 이 현실역동상담을 통해, 곧 사람들 속에서 다시 성장하려고 최선을 다하고 있다. 그리고 틈나는 대로 도움이 필요하겠다 싶은 사람들이 주변에 보이면 지체 없이 이 집단상담에 꼭 가야 한다고 말하며 거의 끌고 오다시피 초대하고 있다.

그런데 종교와 전혀 상관없어 보이는 이 현실역동상담에 가톨릭 신부인 내가 어쩌다 이렇게 깊이 들어오게 되었을까? 잠시 그 까닭을 생각해 보니 아마도 나는 처음부터 교수님과 철쭉님, 이 두 어른의 모습을 통해 돌아가신 나의 어머니와 아버지를 다시 만나고 싶었던 것 같다. 이 아이가 장차 어떻게 되리라는 것을 미리 내다보시기에 짐짓 엄하게 대하면서도 그 어린 속내의 답답함을 헤아려서 따뜻하게 안아주는 것 또한 잊지 않으시는 엄부자모(嚴父慈母)의 모습 그대로. 그러니까 어린 시절 신앙심 깊은 부모님을 통해 하느님 보시기에만 떳떳하다면 어디에도 걸릴 것이 없을 것이라는 신념을 지녔듯이, 나는 이제 사람을 무엇보다 소중하게 여기는 또 하나의 부모님을 통해 사람들 속에서 부대끼며 함께 살아가는 멋을 지니고 싶었던 것이다.

그리고 오늘도 나는 믿는다. 내게 주어진 이 모든 시간들의 끝에는 사람으로 세상에 오시어 일생을 사람들 속에서 부대끼며 사셨고 사람을 위해 죽으셨다가 부활하신, 지금도 여전히 사람들과 함께 하고 계시는 나의 주님, 예수님을 조금은 더 가까이 닮아 있을 내가 서 있으리라는 것을……. 그리고 나는 이미 알고 있다. 언젠가 내 입으로 현실역동상담이 나에게 어떤 의미였는지 나의 주님께 고백하며 감사하게 되리라는 것을……. 그러니까 이 현실역동상담이 조금 떨빵한 나를 위해서 주님께서 선물로 놓아주신 징검다리였음에 감사하게 될 것임을…….

2장

귀중한 만남이
나를 이끌었다

외국인
신부를 만나
심리학에
빠지다

심리학을 전공하기 전에, 나는 원래 영문학을 전공하는 학부생이었다. 춘천 봉의산 중턱에서 소양강을 내려다보고 있는 성심여대에 다니고 있었다. 성심여대는 가톨릭대학교의 전신으로, 학생 전원이 기숙사 생활을 하며 전인교육을 받아야 하는 학교였는데, 고등학교 졸업을 앞두고 당시 헤르만 헤세에 빠져 있던 내가 꿈꾸던 이상에 가장 가깝다고 생각했던 곳이었다.

　대학교 2학년이었던 1972년 어느 날, 키 큰 한 외국인이 연단에서 '대화의 단계'에 관한 주제로 특강을 하는데 그의 말이 꼭꼭 마음에 와 닿았다. 어느 교수와 작업하던 것이 있어서 늦게 도착했던 나는 특강을 들으며 어린 시절 고향인 충주에 살 때 길에서 마주치곤 했던 한 외국인 신부의 모습을 떠올렸다. 눈이 마주치면 언제나 환하게 인사해 주던 신부님이 있었는데, 어쩌면 그분도 이와 비슷한 말씀을 해주지 않으실까 하는 생각을 하며 얼마 전 그분을 찾으려다 허탕을 쳤던 기억을 함께 떠올렸다. 그리고 다음에는 꼭 메리놀수도회 본부를 찾아가 그 신부님의 주소를 얻으리라 다짐했다.

특강이 끝나자 교무처장 수녀님이 마이크를 잡고 학생들에게 잘 들었느냐고 물었다. 그러면서 만약 질문이나 면담을 하고 싶은 학생이 있으면 신청하라고 했다. 원하는 학생들을 위해 시간을 비워 놨고, 신청을 하면 시간대별로 배정해 주겠다고 했다.

자리에서 일어나 우르르 나오는데 한 친구가 내게 "고 신부님의 특강 참 좋지 않냐"고 물었다. 그 순간 나는 너무 놀라 심장이 터져나갈 것 같았다. '특강하던 그분이 고 신부님이라고? 내가 그토록 찾고 싶어 했던 고 신부님이 바로 그 사람이라니!' 사제복이 아닌 양복을 입고 있어서 몰라봤지만 나는 그의 말 속에서 고 신부님을 연상했다.

나는 늘 다니던 산책길로 뛰쳐나갔다. 소양강이 내려다보이는 한 쪽에 앉아 신기해하면서도 멍했다. 간절하면 이루어진다더니 내 바람이 그렇게 이뤄졌다는 사실에 감개무량했다.

인연은 다시 꿈을 키우고

고 신부님과의 면담을 신청하고 잠시 후 마주했을 때 나는 어떤 말을 어디서부터 꺼내야 할지 몰라 잠시 주춤거렸다. 고 신부님과의 인연을 이야기하자면 중학교 시절로 거슬러 올라가야 했다.

한참 까불며 지냈던 중학교 시절 겨울 스포츠로 한창 스케이트 열풍이 불었다. 나도 빙판 위를 쌩쌩 달리는 그것이 멋져 보여 배우고 싶었다. 아버지에게 졸라 스케이트를 사서 어깨에 걸치고 사람들이 많이 모이는 저수지로 걸어가곤 했다. 저수지로 가려면 천주교 성당 앞을 지나가야 했는데, 그곳으로 가다가 나는 앞에서 걸어오는 키다리 외국인 신부를 보았다, 사제복을 걸친 그분은 나와 눈이 마주치자 마치 잘 아는 사람을 만난 것처럼 환하게 웃음 지으며 인사했다. 몇 차례 그렇게 마주친 적이 있었는데, 그럴 때마다 그분은 여전히 환하게 웃었다. 그때만 해도 낯선 사람에게 그렇게 환하게 인사한다는 것이 생소하기만 했던 나에게 그 외국인 신부의 미소 짓는 모습은 가슴에 깊이 남았다.

나는 비교적 걸림 없이 자유로운 체하며 지냈는데, 고등학교는 서울에 있는 동덕여고를 진학하게 되었다. 그곳은 민간인이 설립한 최초의 학교라고 하는데, 마침 결혼한 큰오빠가 사는 곳도 그곳 근처였다.

그런데 나의 서울 생활은 그리 썩 편치 않았다. 우선 부모님이 많이 보고 싶었고 많이 답답했다. 함께 서울에 올라왔으나 다른 학교로 진학한 친구와는 간간이 만나는 정도였고 학교와 집 외에는 충주에서처럼 마음껏 돌아다니지도 못했다. 그리고 지금처럼 도로 사정이 좋지 않았기 때문에 부모님께 가려면 5~6시간은 족히 걸렸고 방학이 돼야만 갈 수 있었다. 아마도 가장 불편했던 것은 고향에서 그랬던 것처럼 활개 치며 지낼 수 없었던 것이 아니었을까 싶다. 학우들은 집안의 온갖 보살핌 속에서 지내는 데 비해 나는 갓 결혼한 올케의 손길을 받으며 지내는 정도였으니 여러 면에서 부족함을 느꼈던 것 같다.

자연스럽게 나는 문학에 빠져들었고 외로웠던 자신을 위로하며 지냈다. 특히 헤르만 헤세의 작품에 매료됐는데, 공부보다는 문학 작품을 섭렵하느라 틈만 나면 도서관으로 향하곤 했다. 학교 도서관 문이 닫힐 때면 그제야 집으로 돌아오면서 마치 작품 속 주인공처럼 때로는 골몰하고 때로는 구름 위를 둥둥 떠다니기 일쑤였다.

방학을 맞으면 쏜살같이 고향으로 내려갔는데, 한 번은 고종사촌 언니가 서울에서 고생했다며 원두막으로 데려가 과일을 사주었다. 그때 어떤 외국인 신부에 대한 이야기를 들려주었는데, 노인이든 젊은이든 가리지 않고 하루에 몇 차례를 마주치더라도 처음 마주하는 것처럼 환하게 인사를 해주던 신부가 계셨다고 했다. 고 신부라고 하는 그분은 좀 더 봉사하는 생활을 하겠다며 나환자촌으로 떠났다고 하는데, 그분이 떠날 때 남녀노소 할 것 없이 많은 신자들이 울었다고 한다. 언니에게 그 이야기를 들으며 내가 중학생 때 길에서 몇 차례 마주쳤던 그 키다리 신부라는 것을 직감했다.

다시 서울로 올라와 생활하면서도 서울 생활이 외롭고 단조로웠던 만큼 그분의 모습이 마음속에 자리잡기 시작했다. 고향의 어머니를 그리듯이 그 신부님의 미소 짓는 모습을 떠올리곤 했다.

내 외로운 정서에 딱 맞는 대학교로 나는 가톨릭계의 성심여대를 택했다. 얼마 전에는 고 신부님을 찾으려고 메리놀수도회 본부를 수소문하러 다녔던 일도 있었다.

다시 고 신부님을 찾아야겠다고 마음먹었던 차에 특강을 듣게 되었다는 나의 더듬거리는 이야기를 듣던 고 신부님은 감명을 받았는지, 나의 손을 덥석 잡고는 눈을 감고 한참 동안 고개를 숙였다. 잠시 후 눈을 뜬 고 신부님은 하느님께 감사기도를 드렸다고 했다. 수년에 걸쳐 이어진 한 소녀와의 인연에 그분도 깊은 감동을 받았던 것이다.

집단상담을 처음 경험하다

그 다음 학기부터 고 신부님은 성심여대로 인간관계, 성장심리, 집단상담 등의 강의를 하러 매주 오셨다. 그분께서 하는 강의를 모조리 들은 것은 말할 나위도 없었다. 그분이 춘천에 와서 이틀을 계시는 동안의 만남을 위해 나는 나머지 5일을 얼마나 부지런히 기쁘게 살았는지 모른다.

세면실에서 빨래를 하다가도 창밖을 내다보며 하느님께 감사기도를 드렸고, 도서관에서 책을 읽다가도 감사를 드렸다. 내 생활은 온통 기쁨으로 충만하고 감사하는 마음으로 뒤덮였다. 고 신부님도 나를 찾아주셨고 그동안 어떤 생활을 하고 어떤 생각을 하며 지냈는지 관심을 기울여주셨다. 그러면 나는 그분이 내 말을 들으며 즐거워하는 것이 신나서 정말 열심히 생각하며 사소한 일상에서도 의미를 발견하려고 애쓰며 살았다.

고 신부님을 통해서 나는 대학교 2학년 때부터 참만남 수련

(encounter group) 형태의 집단상담을 접했다. 12명을 둥그렇게 앉힌 다음 솔직하게 자기표현을 하라고 하는데 그런 것을 처음 접한 우리는 뭘 어떻게 해야 할지 몰라 우왕좌왕했다. 그때만 해도 사고와 감정의 차이가 무엇인지 몰랐고, 왜 그것을 구별해서 말하라는 것인지도 알지 못했다. 더구나 다른 사람이 말을 하면 공감적인 반응을 하는 것이 중요한데 낯간지럽다는 생각에 그렇게 하기 어려워했다.

그래도 고 신부님을 퍽 따랐던 나는 다른 학생들보다 그분이 무엇을 하고자 하는 것인지 빨리 간파했고, 시키지 않아도 마치 보조 지도자처럼 중간 역할을 하곤 했다.

고 신부님은 사제서품을 받고 한국으로 나와 처음 재임한 곳이 충주였다. 좀 더 청빈한 생활을 하겠다고 나환자촌으로 갔지만 곧 미국으로 돌아가 인본주의 심리학, 특히 인간중심상담을 공부하며 박사학위를 취득하고 한국으로 다시 오셨다. 그런 다음 가톨릭 계통의 학교인 서강대학교와 성심여대에서 특강을 열었고, 그 다음 학기부터 두 학교로 출강을 다니셨다.

그분을 통해 누군가를 깊이 이해한다는 게 어떤 힘을 갖는지 실감했고, 그분이 내게 삶에 대한 활력을 북돋아주신 것처럼 나 역시 그런 사람이 되고 싶었다. 그분의 사고를 다 흡수하고 싶었고 보람되게 살고 싶었던 게다.

그 당시 문학에 대한 동경으로 영문학을 전공하고 있었지만, 신부님을 통해 접하게 된 심리학은 내게 무척 흥미로웠다. 실재하지 않는 것을 만들거나 꿈꾸기보다 실재하는 인간의 심리를 다룬다는 게 훨씬 강력하고 현실적이라고 느끼기 시작했다. 그리고 무엇보다 사람을 따뜻하면서도 긍정적으로 바라보는 인본주의 심리학은 내게 매력적으로 비쳤다.

하지만 호사다마(好事多魔)라고 인정이 농후했던 고 신부님은 사제생활을 길게 영위하지 못했다. 이상을 꿈꾸는 그분은 수도원 내 테니스장을 없애고 사제들이 좀 더 가난하게 살아야 한다고 주장하거나, 격의 없이 사람들에게 다가가는 것이 중요하다고 하는 등의 행보를 하는 바람에 사제들 사이에서는 별나게 취급받는 분이었다.

이런 고 신부님을 누구보다 잘 헤아리며 아껴주는 손 신부라는 선배가 계셨는데, 주로 서강대학교에서 활동하던 그분이 갑자기 타계했다. 자신을 깊이 이해해 주던 형님 같은 분을 잃자 고 신부님은 휘청거렸고, 때마침 수도원에서 일하던 여성의 깊은 위로를 받게 되면서 그 여성과 가까워지고 말았다.

고 신부님이 그 여성과 함께 하고자 환속을 하고 미국으로 출국하자, 대학 졸업을 앞둔 나는 그야말로 청천벽력 같은 현실에 놓였다. 고 신부님을 무척 따랐던 나는 그분처럼 수도생활을 하고 싶었는데 방향을 잃어버린 것이다. 프란시스코 성인을 흠모하며 글라라 성녀처럼 살았으면 하는 내 꿈은 위기에 처하고 말았던 것이다.

심리학으로 내 인생을 이끌다

삶의 지표를 잃고 힘들어하던 나는 고 신부님이 떠났어도 그 길을 가기로 했다. 딱히 희망을 가질 만한 다른 것도 없었고, 고 신부님이 하느님과의 봉헌 약속을 지키지 못했다면 제자인 나라도 대신 지켜드리는 것이 의미 있겠다고 여겼기 때문이다.

막상 수도원에서 종교 생활을 시작했으나 그 생활이 그리 기쁘지는 않았다. 특히 유일신 개념이 내게 잘 들어오지 않았고, 그 때문에 나를 지도해 주던 윗분은 나를 그리 탐탁지 않게 여기는 듯했다. 단순한 마음으로 주님을 섬겨야 하는데 그렇지 못하다고 지적을 받곤 했다. 성체조배를 하다가도 문득 하느님이라는 존재가 대체 무엇인지, 내가 왜 그곳에 와 있는지 회의하곤 했으니 지적을 받을 만도 했다.

결국 나는 채 2년도 안 되어 집으로 돌아왔고 모든 것을 새로 시작하는 마음으로 대학원에 진학하기로 했다. 현실에 두 다리를 디디려면 어느 하나에 정착하지 않으면 안 되겠다고 여겼고, 그래도 집단상담을 여러 차례 경험한 것도 있고 해서 심리학을 공부하는 것이 좋겠다고 여겼다.

내가 심리학 공부를 하고 싶다는 의사를 밝혔을 때, 아버지께서 심리학이라는 글자를 한문으로 써보시더니, "내 딸이 마음의 이치에 대해 공부를 해보겠다고? 참 대단한 학문을 하겠다는 것이구나!" 하셨다. 사실 이때는 아버지도 나도 심리학이 어떤 학문인지 잘 모르고 막연하게 글자가 뜻하는 것만으로 짐작했을 뿐이다.

심리학에 대해 기본적인 지식이 없었던 나는 서울에 있는 오빠네 집에 머물면서 대학원 입시준비를 했다. 하지만 이 시기에 심리학 공부보다 더 열중했던 공부는 불교였다. 유일신의 존재에 대해 받아들이기 어려웠던 나는 불교에 관심을 갖기 시작했고, 체계적으로 훑어보자는 심산으로 동국대학교에 가서 청강을 시작했다. 마침 동국대학교의 고익진 교수가 그러한 나를 신통하게 여겨 2년 가까이 지도해 주시며 이런저런 과목을 수강하도록 도와주셨다. 또 동국대학교 교수로 계셨던 지관(智冠) 스님의 도움으로 비구니 승려인 지형 스님을 만났다. 나는 그분에게 영어를 가르치고, 그분은 내게 불경을 가르쳐주기도 했다.

이렇게 다른 분야에 열중하기도 했고 심리학에 대한 기본 지식이 약했던 탓에 서울대학교 대학원에 응시했으나 두 번이나 고배를 마셨다. 자꾸 늦어지는 것에 부담을 느꼈던 나는 더 이상 그곳을 가겠다고 할 면목도 없어 고려대학교로 방향을 틀어 입학했다.

이동식 선생을
만나
정신분석에
눈뜨다

1978년 대학원에 입학한 나는 심리학 중에서도 통합 과정으로 운영되는 임상과 상담 분야를 전공으로 택했는데, 그때 비로소 심리학이 '인간이란 무엇인가?' 하는 총체적 질문을 던지는 분야가 아니라는 것을 알았다. 심리학은 철학에서 분파되어 과학적인 학문이 되기 위해 그야말로 안간힘을 쓰는 분야였다.

철학은 서양 사회에서 거의 200~300년에 걸쳐 합리론과 경험론 사이의 치열한 논쟁을 벌여왔다. 그러다 경험론에 입각해 인간에 대한 이해를 실질적으로 해보자는 차원의 연구가 시작됐다. 여기서 사람을 이루는 최소 단위인 감각기관의 기능에 관한 지식을 쌓아 인간에 대한 이해를 이룩하자는 심리학이 나타났다. 이렇게 시작된 구성주의(構成主義) 심리학에 뒤이어 합리론에 입각한 동태주의(Gestalt) 심리학이 등장해 반격을 가했으나, 심리학의 발생지라고 할 수 있는 독일이 세계대전을 두 차례나 일으키면서 이러한 흐름은 끊기고 말았다.

2차 세계대전 이후 부흥한 미국은 실용주의 사회이니만큼 구성주의 심리학의 뒤를 이어 기능주의 심리학이 발달했다. '이것이 무엇인가?' 하는 본질보다 '이것이 어떻게 작동하는가?'와 같은 기능에 더 관심을 둔 것이다.

그러나 이러한 흐름에도 반기를 들고, 곧이어 인간을 과학적으로 연구하지 않으면 철학과 별반 다름이 없다며 철저히 객관화시키는 행동주의 심리학이 등장했다. 심리학의 연구 대상은 인간이지만 연구 방법만큼은 객관적 방법이어야 한다는 것이다. 이렇게 되니 나타난 문제는 인간에 대한 심리학이라기보다 동물 심리학에 가까운 것 아닌가 싶을 정도로 엄격한 통제 하에 동물을 대상으로 이뤄지는 실험이 주를 이룬다는 것이었다. 그러자 지나치게 겉으로 드러난 행동만을 강조하는 것에 회의를 표하며, 인간의 주 특성인 사고에 대한 연구가 중시돼야 한다며 인지심리학이 등장해 강세를 보이기도 했다.

이러한 흐름 아래 감각, 지각, 인지, 기억, 발달, 통계 등의 기초과목을 학습해야 했던 나는 적잖이 당황했다. 타 전공자였기 때문에 학부에서 선수과목으로 들어야 하는 학점도 24학점이나 됐는데, 대부분의 내용이 딱딱하고 조밀했다. 개의 타액 반사 실험이나 비둘기 먹이 강화 실험 등을 공부하며 왜 그런 것을 배워야 하는지 의아했다. 통계 과목에 나오는 모집단이니 표집이니 하는 어휘도 낯설었으며 t-검증이니 F-검증과 같은 개념들은 인문학적인 공부에 길들여져 있던 내게 낯설고 어려웠다.

뿐만 아니라 상담 분야에서 접한 인간중심상담은 여러 상담이론 중 하나에 불과했으며, 매력적이긴 했지만 이론보다는 다분히 신념에 근거한 것으로 비쳤다. 밖에 있을 때는 거의 몰랐던 정신분석이나 행동치료 같은 것이 오히려 탄탄한 이론 체계를 지니고 있었다.

인간중심상담을 주창한 로저스(Carl R. Rogers)는 상담자의 수용적인 태도를 역설했는데, 사실 이것은 전적으로 상담자의 '성장'과 비례하는 것이지 기술적으로 습득할 수 있는 성질의 것은 아닌 듯했다. 인간중심상담에서는 상담자가 그냥 내담자 이야기를 들어주기만 하면 될 것 같이 보이기도 하지만, 사실은 현상학적 접근으로서 가장 어려운 것일 수 있다. 상담자 자신이 성장하지 않고서는 내담자를 있는 그대로 수용하기란 거의 불가능에 가깝다고 본다.

정작 대학원에 입학하고 나자 나는 내가 하는 학문이 그동안 꿈꿔왔던 공부가 아닌 듯해 무거운 마음이었다. 하지만 대학교 졸업 후 신학이니 불교학이니 종교 쪽으로 배회하다 정착 차원에서 심리학을 공부하기로 작정했기 때문에 또다시 물러나기는 곤란했다. 무엇보다 부모님께 죄송해서 선택에 대한 책임을 지기 위해 입을 꾹 다물고 버티듯이 하루하루 지내는 중이었다.

내 학문의 날개를 만나다

다른 한편 대학원에 입학한 이후 나는 많이 뒤처졌다는 중압감을 느꼈다. 내 또래의 사람들은 박사과정 고학년인 데 비해 나는 석사과정을 막 시작한 상태였기 때문이다. 그리하여 어떻게 하면 그 벌어진 간격을 따라잡을 수 있을까 고심했다.

이때 상담을 공부하는 사람이라면 교육분석을 받아야 한다는 것을 알게 되었다. 윤리적인 차원에서 권장하는 것일 뿐 아니라 본인이 내담자로서 상담을 받아보는 경험이 가장 큰 학습 효과를 가져다준다는 것이다. 자신을 상담해 준 분석가가 자기에게 어떻게 하는지를 경험적으로 익히기 때문이다.

이런 의견을 보이는 사람도 많았다. 만약 상담자 본인은 자신을 개방하는 상담을 꺼리면서 다른 사람에게는 솔직하게 말하라고 한다면 그것은 윤리적으로 타당할까? 뿐만 아니라 본인이 심리상담 효과를 맛본 적이 없으면서 심리상담 효과에 대해 의심쩍어하는 내담자에게 심리상담의 가치를 운운할 수 있을까? 상담자 본인도 상담을 경험하거나 신뢰하지 않으면서 다른 사람을 상담하겠다고 나서는 것은 모순이라는 것이다.

하지만 석사과정의 학생들은 물론 박사과정에 있는 사람들도 교육분석을 받지 않는 듯했다. 그것이 필요하다는 것에는 동의하면서도 거금이 들기 때문인지 선뜻 시작하는 이는 없었다. 그럴수록 내 입장에서는 뒤처졌다는 느낌을 만회할 수 있는 기회를 교육분석을 통해서라면 얻을 수 있을 것 같았다.

그렇게 해서 그 당시 유명하다는 분을 두 명 추천받았는데, 서울대 의대 이부영 교수와 개업의인 이동식 선생이었다. 마침 두 분 다 이전에 뵈었던 분들이었다. 이부영 교수는 성심회 김희일 수녀의 주선으로 몇몇 사람들에게 융(Jung)의 분석심리학을 강의해 주실 때 만났고, 이동식 선생은 정신건강에 대한 특강을 해주신 적이 있었다.

특히 이동식 선생은 내게 강렬한 기억을 남겼던 분이다. 수도원에 있을 무렵 유명한 정신과 의사의 특강이 있다 해서 들으러 간 적이 있다. 나는 연사가 주제에 대해 일방향으로 이야기하는 강의를 상상하며 맨 앞줄에 앉았다. 그런데 이동식 선생은 정신건강을 좌우하는 것은 감정이라며 적개심을 풀어야 자유로워진다는 취지로 10분 정도 설명한 다음, 사람들에게 질문을 하라고 했다. 쌍방향 강의였던 셈인데, 정신건강에 대한 밑그림을 기대했던 나는 다소 실망스러웠다. 다들 같은 심정이었는지 아무도 질문을 하지 않자, 그분은 사람들에게 궁금한 게 있으면 물어보라고 재촉했다.

나는 내심 이런 것을 물어도 되는가 하는 의문을 갖다가 그 즈음 씨름하던 문제를 내놓았다.

"선생님께서는 하느님의 존재를 어떻게 여기세요?"

나의 이런 질문에 그분은 고개를 끄덕거리며 걷다 나를 힐끔 쳐다보고는 대꾸했다.

"사랑받고 싶은 게로군."

순간 나는 당황했다. 나의 질문이 엉뚱한 것이긴 하지만 그래도 내겐 진지한 것이어서 당시 나는 매일 그런 종류의 의문과 씨름하고 있었다. 그래서 다시 묻고자 입을 열려고 하는데 뭔가 목구멍에 걸려 말이 나오지 않았다. 그러는 사이 잠시 정적이 흐르다 다른 사람의 질문으로 넘어갔다.

특강이 끝나고 내 마음은 온통 그분이 왜 그렇게 대답했는지에 대한 의문으로 가득 찼다. 20~30일 정도 의문에 사로잡혀 있던 나는 문득 '아, 그분이 저 밑바닥의 폐부를 찔렀던 것이구나!' 하는 것을 깨달았다.

나는 이동식 선생에게 교육분석을 받기 시작했다. 누구보다 많은 환자를 보고 있던 그분은 증상의 원인을 적개심으로 보고 그것을 누구보다 빨리 간파했다. 그리고 그분에게는 힘이 있기 때문인지 고집스러워 보였다.

4년 가까이 그분에게 교육분석을 받는 동안 나는 많은 것을 익혔다. 내담자가 어떤 유형의 증상을 표출하든 불만족에 따른 분노에 기인하고 있다는 점을 철저히 깨달았다. 그리고는 내담자들이 호소하는 문제들을 단순화시켜서 보는 힘을 가질 수 있었다. 사람들은 자신의 지적 수준만큼 문제를 복잡하게 만들어놓고 자신까지 속이기 일쑤였는데, 그것을 비교적 정확히 간파하는 힘이 생겼다.

나아가 이동식 선생은 정신과 의사들과 몇몇 상담학자들을 대상으로 지도하는 공부모임에 나를 끼워주셨다. 거기서 유명한 정신분석자들의 저서를 한 줄씩 읽어가며 지도해 주셨는데 이 공부는 매우 유익했다. 뿐만 아니라 그룹을 만들어 지관 스님과 종범 스님을 모시고 경전 공부를 하는 모임에도 참석시키셨다. 그 덕에 나는 표피적으로나마 대승불교 경전을 두루두루 접하는 기회를 가졌다.

이런 과정을 거치며 내 연령대의 다른 사람들보다 뒤처졌다는 생각은 말끔히 씻어낼 수 있었는데, 이후로는 오히려 다른 사람들보다 상담 실무에 자신감을 가질 수 있었다. 꾸준히 받았던 교육분석, 공부모임에서 읽은 저술들, 다양한 주제를 접하게 하는 한국정신치료학회 활동은 내게 큰 토양이 되었다.

지식의 연결과 통합으로 강의를 완성하다

석사학위를 마쳤던 1980년에 나는 다시 박사과정에 입학했다. 내친김에 끝까지 해보자는 심정이기도 했고, 석사만 마치고서는 딱히 할 만한 일이 없기도 했다.

그런데 난감한 일이 벌어졌다. 석사과정에서 지도를 맡아주셨던 김기석 교수가 임상과 상담 분야에서 생리심리로 관심을 바꾼다고 공언한 것이다. 그러므로 자신의 지도학생으로 입학한 사람들은 지도교수를 바꾸라고 했다.

이 때문에 불편해하자 학과에서는 외국에서 박사학위를 취득하고 갓 부임한 이정모 교수에게 잠정적으로 나를 맡겼다. 그런데 그분은 이론 분야인 인지심리학을 전공한 분이다. 박사과정에 사람을 뽑아놓고 이렇게 무책임하게 내돌릴 수 있나 해서 심히 불만스러웠지만 달리 대안도 없었다. 한편으로는 미흡했던 연구방법론을 이참에 공부하는 것도 그리 나쁘지 않겠다고 생각했다.

이정모 교수는 첫 학기에 실험실습법을 개설했는데, 필수과목인 그 수업은 연강으로 이어지는 3시간짜리 수업이었다. 내용이 각기 다른 통계방식에 기초한 연구방법들인데, 나는 골치가 아프도록 복잡할 게 뻔하다는 예상을 하고 있었다.

하지만 그 수업은 나에게 엄청난 놀라움이었다. 기존의 수업과는 전혀 다르게 강의가 전개됐기 때문이다. '삶이란 무엇인가' 하는 대단위의 의문을 던져놓고, 삶을 다름 아닌 앎으로 간주했다. 그리고 앎이란 '지식'을 의미하는데, 지식은 크게 주관적 지식과 객관적 지식으로 나눠볼 수 있다고 했다. 그런 다음 각각의 지식이 지닌 장단점을 논하며 어떤 지식을 더 신뢰할 수 있는지에 대한 의문을 던졌다. 객관적 지식은 전해 받는 것이 가능한데, 그것을 얻어내는 방법이 실험설계라며 학생들의 관심을 집중시켰다.

나는 눈을 번쩍 떴다. 그동안 심리학 내의 각 하위 분야를 공부하는 동안 때때로 '왜 이 과목을 공부해야 하지?' 하는 의문에 사로잡히곤 했다. 교수들이 앞뒤 연결 없이 전문지식을 들이대는 식으로 가르쳤기 때문이다. 하지만 이정모 교수는 앞뒤 흐름은 물론 주위 분야와의 연결로 이어가며 각 분야는 모두 삶을 풍요롭게 하기 위한 것이라고 설명했다.

처음엔 죽은 셈 치고 앉아 있자고 생각했던 마음과는 달리, 혹시라도 밖에서 다른 학생들이 연강으로 이어지는 수업인 줄 모르고 문을 벌컥 열까 봐 조바심을 쳤다. 그 감동적인 수업의 흐름이 깨질까 봐 마음을 졸였던 것이다. 그 강의에 감명을 받은 나는 그 다음 학기 학부에서 '심리학개론'을 맡아 강의할 때 그것과 비슷한 방식을 취하기로 했다. 나름대로 분야 간에 연결고리를 만들려고 애쓰면서 그동안 보지 못했던 많은 의미를 발견하는 바람에 강의 준비가 행복할 정도였다. 비로소 학문이라는 것이 그저 누적된 지식의 조각을 얻기 위함이 아니라 그 이상의 통합을 이뤄야 하는 것임을 깨우쳤다.

그런데 재미난 사건이 일어났다. 고려대학교에 조카뻘 되는 남학생이 재학 중이었는데, 그는 나를 친숙하게 여기며 짓궂게 장난을 치기도 했다. 그는 내가 가르치는 과목을 수강하고 평가를 내려 공표하겠다고 별렀다.

강의하는 첫날 나는 책장을 펴기에 앞서 심리학이란 게 어떤 것인지 우리의 삶과 연결시켜 풀어갔다. 그러고 나서는 개론에 담겨 있는 각 장의 내용이 어떤 맥락에서 삶에 기여하는지 설명했다. 그렇게 강의를 마치고는 지각한 학생들이 출석체크를 해달라는 바람에 1~2분 늦게 강의실을 나왔다. 그런데 조카가 기립자세로 문 옆에 서서 나를 기다리고 있었다. 왜 그러고 있느냐고 물으니까, 조카는 감동을 받은 표정으로 나의 책을 받아들며 연구실까지 바래다주겠다고 말했다.

200~300미터를 걸어가는 동안 우리 둘은 아무 말도 나누지 않았다. 그는 내가 평소 알고 있던 그런 고모가 아니라는 사실에 놀라워했고, 나는 그가 왜 그러는지 간파했기 때문이다.

조카와 헤어지고 난 다음 이정모 교수를 찾아가 좀 전에 있었던 상황을 말씀드렸다. 내가 조카가 감동할 정도의 수업을 할 수 있었던 것은 전적으로 교수님 덕분이라고 인사를 드렸다. 내 말을 들은 교수님도 감동을 받았는지 잠시 눈을 감았다. 그분 역시 유학 중에 심리학사(史)를 가르치던 은사에게 감사인사를 돌렸다고 했다. 그 은사는 그런 방식으로 전체적인 맥을 잡아 짜임새 있게 강의를 하는 분이었단다.

이정모 교수에게 받은 또 다른 혜택은 인지치료와 인지행동수정에 관한 정보였다. 구미에서는 비합리적인 사고를 증상의 원인으로 보는 접근법이 한창 뜨는 추세라며 그것을 잘 살펴보는 것도 도움이 될 것이라고 소개했다. 그 당시 대학원에서 정신분석, 행동치료, 인간중심상담 정도만 배웠던 나로서는 인지치료라는 말부터 생소해 호기심을 세웠다.

대학병원에서의 임상 수련

박사과정 중 서울대 의과대학에 가서 일주일에 이틀씩 1년 동안 임상실습을 했다. 심리상담에 매력을 느껴서 시작한 공부였지만 이때만 해도 임상과 상담은 분리되지 않았던 데다가 임상에 대한 공부도 해보고 싶었기 때문이다.

서울대 의과대학 김중술 선생의 교육 방법은 독특했다. 일단 환자에게 검사를 실시하고 보고서를 써오게 했다. 차근차근 가르쳐줄 것을 기대했던 나는 우왕좌왕했고 어렵게 보고서를 써가도 선생은 휙 던져버리듯 옆으로 치워버리곤 했다.

힘들어했던 나는 마침 김중술 선생을 만나러 온 선배인 김영환 선생에게 보고서 쓰는 법을 가르쳐달라고 졸랐다. 나를 보고 껄껄 웃던 그분은 술을 사주면 알려주겠다고 했다. 뭔들 못하겠느냐며 술을 사드렸는데 그분은 만취 상태가 되었고, 보고서 쓰는 법을 배우기는커녕 집으로 모셔다드려야 하는 수고로 힘만 쓰고 말았다. 다음날 보고서를 제출해야 하는데 어떻게 하느냐고 내가 볼멘소리를 하자, 그분은 만취한 상태에서도 보고서란 환자에게서 받은 인상을 중심에 놓고 써야 매끄럽지 검사 자료를 보고 쓰는 게 아니라고 한마디 일러주었다.

다음날 아침, 보고서를 쓰는데 상반된 수치가 자료에 나타나 어떻게 해석해야 할지 막막했다. 하는 수 없이 지난밤에 들었던 한마디, 즉 보고서를 쓸 때는 환자에게서 받았던 인상을 근거해 쓰라는 말을 기억하고는 그렇게 했다. 달리 선택의 여지가 없었던 것이다.

그런데 놀랍게도 김중술 선생은 그 보고서를 쓱 읽어보더니, 제법 써냈다고 하는 게 아닌가. 놀랍기도 하고 어이없기도 했지만 그것을 계기로 나는 좀 더 나 자신의 감각에 대해 믿음을 가지기로 했다. 그 어떤 도구보다 사람의 감각이 더 우월하다고 여기던 시발점이 이때였던 것 같다.

그렇지만 나는 대학병원에서의 실습으로 임상에 대한 흥미를 점차 잃고 말았다. 환자들에게 심리검사를 실시하고 보고서를 쓰는 과정에서는 환자들과 상호작용하는 재미를 느낄 수 없었기 때문이다. 그때 환자들은 관찰 대상에 불과할 뿐 주거니 받거니 하며 교감

하는 대상들이 아니었던 것이다.

뿐만 아니라 병원이라는 환경은 긴박하고 야박해 보였다. 그곳의 특성 때문인지 거기서 일하는 대부분의 사람들은 분투적이며 경쟁적인 사람으로 비쳤다. 그리고 의사들은 특권의식에 사로잡힌 듯보이는 것이 아무리 생각해도 심리학도에게는 그리 달갑지 않은 곳이었다.

정신분석적 접근의 허점

박사과정을 밟던 중 1982년에 가톨릭대학교(옛 성심여대) 상담소에서 전임강사 급에 해당하는 상담원으로 일하게 되었다. 교육분석을 받아왔던 덕분에 나는 비교적 다른 사람들보다는 상담의 실제에 익숙했다. 그랬기 때문인지 학생들을 만나 그들의 심리를 탐험하는 것이 어렵거나 부담스럽기보다는 흥미진진했다. 막혀 있거나 뒤틀려 있는 한 개인의 정신세계를 잘 살펴 제대로 기능하게끔 도와주며 영향을 미친다는 것은 보람 있는 일이었다.

이때 나는 내담자는 민감해 있기 때문에 말을 조심하지 않으면 안 된다는 것을 터득하기도 했다. 어느 한 여학생이 자기를 상담하며 어떤 것을 느끼냐고 내게 물었다. 내가 주춤거리자, 그 학생은 보람을 느끼냐고 다시 물었다. 그래서 고개를 끄덕인 적이 있다.

다음 주 그 학생은 나타나지 않았다. 연락을 취하자 그 다음 주에 나타나서 하는 말이 자기는 다른 사람의 보람을 위해 존재하는 사람인가 하는 의문이 들어서 오기 싫었다고 대답했다. 상담을 하며 보람 있다는 말도 함부로 해서는 안 된다는 사실을 이때 알았다.

어느 날 4명의 내담자를 상담하고 교육분석을 받으러 가는데 눈꺼풀이 무거울 정도로 피곤했다. 나는 4명을 상담하고도 이렇게 피곤한데 선생님은 하루에 10명씩 어떻게 환자를 보느냐며 분석의에게 물었다. 이렇게 질문함으로써 나는 피곤함을 느낄 정도로 집중한다는 자랑을 내비친 것이었는데, 선생님은 오히려 나를 타박했다. 상담하며 용을 쓰니까 피곤한 것이라며『장자』에 나오는 백정 이야기도 못 들어봤느냐고 되물었다.

무엇이든 몸에 익어서 자연스러우면 힘이 안 드는 법이란다.『장자』에서 초보 백정은 칼을 아무데나 퉁퉁 내리쳐 칼날을 다 상하게 하지만, 전문가 백정은 뼈 마디마디 사이로 칼을 내리치기 때문에 아무리 소를 많이 잡아도 칼날을 상하게 하지 않는다고 했다. 열심히 한다는 것을 자랑하려다 도리어 흉을 잡혀 웃었던 기억이 있다. 아무튼 이때의 기억은 내게 강약 조절의 중요성을 일깨워주었고, 이후로 어디 가서 힘들다는 말은 가급적 하지 않고 있다.

상담자로 활동할 때 정신분석 과목을 강의해 보라는 제의를 받았다. 그동안 이동식 선생의 휘하에서 유명한 저서들을 갖고 공부한 바가 있지만 다소 겁을 냈다. 그러자 정신과 의사인 김상태 선생은 설익은 내가 그런 묵직한 강의를 한다는 게 딱해 보였는지, 아니면 정신분석에 대한 깊은 애정 때문인지 내게 10차례 강의를 해주면서 틀을 잡아주겠다고 했다.

반가웠어도 너무 큰 호의라 주춤거리자, 혼자 배우는 게 부담스러우면 몇 명의 대학원생들을 데리고 함께 와도 좋다고 했다. 본인도 정신치료의 근간인 정신분석을 잘 알고 싶었지만 제대로 가르쳐주는 교수가 없었다고 한다. 그리하여 의대생 때 혼자 독학을 했고, 특히 군의관 시절 여유도 있고 해서 나름 정신분석에 대한 개요를 구축했다고 한다. 그리하여 외래교수로 출강하며 자기와 같은 욕구를 지닌 후학들에게 강의를 한다고 했다.

체면을 차릴 처지가 아니었던 나는 염치 불고하고 학우들 몇 명과 함께 병원으로 찾아가 정신분석 전반에 대한 개요를 학습했다. 나에게는 여간 큰 선물이 아니었기 때문에 그 호혜를 평생 잊지 말자고 다짐했다.

대학교 상담센터에서 어느 정도 익숙해질 무렵부터는 내가 소수의 인원만 상담하고 있다는 사실에 부담을 느꼈다. 책임시수가 주당 15시간이기 때문에 한 달 누적시간은 60시간이고, 매년 500~600시간 상담을 하는 셈이었다. 학교 당국에서는 그 시간 동안 내가 많은 학생들을 만나리라 기대할 텐데 정작 나는 15명 정도만 줄기차게 만나고 있었다. 종결하는 학생이 있어 새로운 내담자를 만나도 상담소에 찾아오는 학생들은 늘 그 학생들이었다.

소수의 인원만 줄기차게 상담하는 이유는 내게 익숙한 정신분석적인 접근을 펼치기 때문이었다. 그 당시에도 정신분석을 단기화하지 않으면 안 된다는 주장들이 있었다. 원래부터 정신분석에서는 역동적 이해를 중시하며 증상 자체보다 그것을 일으키는 심리 내적 갈등에 일차성을 두는 전통 때문에 한 번 상담을 시작하면 오래 지속하는 경향이 있었다. 더구나 대학교 상담센터는 무료 상담기관이라서 아무리 서둘러도 20~30회 정도는 지속해야 상담 성과를 거두는 것 같았다.

정신분석이 발생적 통찰을 목표로 너무 장기화되는 경향을 보인다며 일찍이 목표나 기간에 유연성을 갖추지 않으면 안 된다고 주장했던 인물들이 있었다. 프란츠 알렉산더(Franz Alexander)는 이미 1947년에 정신분석이 통찰 지향적으로 장기치료만을 강조하는 것에서 벗어나 근원인 뿌리를 다루기보다 겉으로 드러난 증상의 제거를 목표로 단기치료를 해야 한다고 주장했다. 이런 주장에 대해 비평의 목소리가 컸지만 시대의 흐름은 어쩔 수 없었는지, 그 후 많은 정신분석자들이 20회기를 전후한 단기 정신분석적 치료법을 제안하곤 했다.

그럼에도 불구하고 본래의 전통을 탈피하기 어려운지 증상 제거에 일차성을 두는 지지치료 형태의 접근은 좀처럼 활성화되지 못했다. 그리고 미국에서는 어느덧 정신분석이 행동치료나 인간중심상담의 출현으로 인해 밀려나고 있었다.

학교 상담소에서의 역할에 은근히 부담을 느꼈던 나는 비교적 단기치료로 표면에 드러난 문제에 역점을 두는 인지행동수정과 인지치료에 관심을 가졌다. 이 접근에서는 상담자가 적극적인 자세를 취함으로써 상담 기간을 상당히 단축시키는 듯했다. 그런 이유로 대학교 상담센터 같은 곳에서 활용하기에는 적격으로 보였다.

특히 인간중심상담이나 정신분석에서는 내담자의 속도에 상담자가 맞춰주며, 상담자는 적어도 표면적으로는 수동적인 자세로 기다려주는 입장이다. 이것이 왠지 나에게는 시간을 비효율적으로 허비하는 듯이 보였다. 상담자나 내담자가 좀 더 다부지게 적극성을 띠면 훨씬 빠른 상담 성과를 볼 수 있지 않을까 하는 생각을 했던 것이다.

한국심리학회에서 느낀 헛헛함

1980년대만 해도 박사학위는 어느 정도 경륜을 쌓은 사람들에게나 줄 수 있다는 인식이 있었다. 그리하여 입학한 시점부터 10년을 꽉 채워야 학위를 딸 수 있었다. 나 역시 상당히 기다려야 논문을 쓸 수 있을 것 같았다.

게다가 마땅찮았던 것은 이것만이 아니었다. 심리학회에서 개최하는 학술대회에 가면 외국에서 학위를 따온 사람들은 어깨에 힘이 꽉 들어가 거침없이 처신하는 것 같은데, 국내에서 학위를 딴 사람들은 어딘지 모르게 위축되어 보였다. 유독 그런 게 눈에 들어온다는 것이 선택적 지각(selective perception)일 수도 있었겠지만, 왠지 나도 그렇게 될 것 같아 개운치 않은 마음이 들었다. 공부를 할 바에는 이왕이면 다홍치마라고 나도 유학을 가서 다시 공부하고 싶은 마음이 들었다.

그런 생각을 갖고 주위를 살펴보니, 맘에 들지 않는 부분들이 더 도드라져 보였다. 우선 한국의 교과과목 제도는 거의 미국의 복사

판이라 해도 과언이 아닐 정도로 미국 것을 그대로 따르고 있었는데 거의 모양뿐이었다. 우선 교수의 숫자가 너무 적어 학부과정, 석사과정, 심지어 박사과정에서도 똑같은 사람에게 수업을 들었다.

한 명의 교수에게서 뽑아낼 수 있는 학문적 내용은 사실 두 과목이면 충분하다고 한다. 그런데 계속 같은 교수에게서 이 과목 저 과목을 배우니 늘 거기서 거기였다. 그러니 교과 과정상으로는 마치 다양하게 이수한 것처럼 보여도, 새로운 과목이 들어왔을 때는 교수도 대학원생들과 함께 원서를 읽어가며 공부하는 경우가 허다했다.

마침 유학파였던 이정모 교수는 그런 나의 마음을 알고 이왕 공부할 거면 유학을 가는 게 낫다고 지지해 주셨다. 그분으로서도 엉뚱하게 내 지도교수로 되어 있다는 사실이 부담스러웠던 게 분명하다.

유학을 떠나 다시 대학원 과정을 시작하고 싶다는 의사를 말씀드리자, 부모님께서는 예상치 못한 말에 놀라셨는지 피하는 반응을 보이셨다. 이제 딸이 겨우 안착하는가 싶었는데 느닷없이 유학을 가고 싶다고 하니 놀랄 만도 했다. 이미 부모님은 70대에 노인들이셨다.

한동안 우울함을 보이셨던 어머니와는 달리 내가 그런 말을 한 지 며칠 지나자 아버지는 당황스러움을 수습하고 나를 불러 앉혔다. 그리고는 이제 나이도 찰 만큼 찼으니 결혼을 하면 좋겠다고 말씀하셨다. 나는 혼기라는 것은 정해져 있다고 생각하지 않는다며 결혼이란 사랑하는 사람이 나타났을 때 하는 것으로 생각한다고 대답했다.

돌이켜 생각하면 그냥 잠자코 있지 뭘 그리 나불락대고 또박또박 대꾸했는지 민망스럽다. 하지만 그때는 유학을 가고 싶다는 계획에 동의를 얻어야겠다는 마음으로 위아래를 가리지 못했다. 아버지는 나를 물끄러미 바라보시다 그렇다면 마흔 살이 되든 쉰 살이 되든 사랑하는 사람이 나타나야 결혼을 하겠다는 것이냐고 다시 물으셨다. 나는 그렇다고 대답했다.

잠시 침묵하던 아버지는 여성에게는 가임기간이란 것이 있어 나의 경우 몇 년 내에 아이를 낳지 않으면 영영 가질 수 없다는 것을 아느냐고 다시 물으셨다. 그 순간 망치로 얻어맞은 것처럼 띵 하는 기분이었지만 그렇다고 물러설 수는 없었다. 무슨 말씀인 줄은 알겠는데 그렇다고 자식을 얻기 위해 아무 남자와 결혼할 수는 없지 않느냐고 나는 반문했다. 그러자 아버지도 어쩔 수 없으셨는지 천천히 고개를 끄덕이며, 내가 원하는 것이 유학이냐고 한 번 더 물으셨다. 나는 그렇다고 대꾸했다. 아버지는 한참 생각에 잠기시더니 이윽고 자식이 원하는 것이니까 밀어주겠다고 말씀하셨고, 덧붙이기를 다시는 내게 결혼에 대해 말하지 않겠다고 하셨다.

유학을 떠나겠다며 4년 가까이 받아왔던 교육분석을 마무리 짓겠다고 하자, 내가 그냥 한국에서 자리 잡기를 바랐던 이동식 선생은 한마디 건네셨다. 유학을 마치고 귀국하고 나면 유학한 햇수만큼 다시 교육분석을 받으라는 것이었다. 내가 웃으며 왜 그렇게 해야 하느냐고 묻자, 외국에 나가면 고생할 것이 뻔한데 그것을 말끔히 씻어내지 않으면 적개심을 가슴에 쌓아두는 꼴이 되기 때문이라고 했다. 그러면서 어떤 교수를 지칭하며 그 사람이 희한하게 행동하는 것은 유학하는 동안 고생하느라 누적됐던 적개심을 충분히 풀어내지 못해서 그렇다고 했다.

나는 수긍한다는 제스처로 고개를 끄덕였다. 고생을 하면 한 만큼 독이 남아 도리어 해를 끼친다는 사실을 염두에 두고 가급적 모질게 살지 않겠다고 말씀드렸다. 너무 힘들면 그냥 한국에 돌아와 논문을 쓰겠다고 했던 것이다. 그때 나는 이미 한국에서 박사과정을 수료한 상태였기 때문에 그렇게 해도 되는 입장이었다.

유학 중에
얻어온 화두,
문화

내가 유학한 오하이오 주립대학교(The Ohio State University)는 오래
전에 칼 로저스가 재임했던 곳이다. 그런 연유로 인간중심상담의
학풍이 남아 있어서인지 외국인 학생인 나를 대하는 분위기는 따뜻
한 편이었다. 사실 미국에서는 임상이나 상담 분야가 공인된 전문
직종의 하나로서 대학원을 졸업하면 자격증을 취득하는 시스템으
로 연결되기 때문에 입학에서부터 졸업까지 그 분위기가 상당히 경
쟁적이고 치열하다. 그런 면에서 볼 때 나는 운이 좋았던 셈이다.

입학을 하자마자 몇 명의 입학위원회 교수들이 나의 학습지도를
위한 평가를 내렸다. 이때 나는 상담을 꽃피운 미국에서 공부를 마
치고 바로 한국으로 돌아가 다시 그것을 펼칠 계획이라고 포부를
밝혔다. 그리고 나는 한국에서 이미 박사과정을 수료했을 뿐만 아

니라 대학교에서 상담자로 3년간 일한 경험이 있다고 밝혔다. 한국에서 인지치료에 대한 개관논문도 쓴 적이 있으며 장차 한국에 돌아가 상담계에서 적극적으로 일할 인물이라고 자신을 소개했다.

다행스럽게도 나에 대한 종합평가는 매우 긍정적이었다. 그리고 내가 어떤 과정을 이수해야 할지 결정하는 데 있어 다른 학생들이 필히 거쳐야 하는 몇몇 과정을 생략해 주기도 했다. 덕분에 나는 2~3년 정도 유학 기간을 단축할 수 있었다.

자신이 원해서 유학을 왔음에도 불구하고 나의 생활은 그리 녹록지 않았다. 무엇보다 언어장벽에 따른 불안이 가장 컸다. 제대로 들리지 않아서 미리미리 읽는 것으로 진도를 따라가야 했고, 그런 상태에서 시험을 본다는 것도 그리 쉽지 않았다.

이때부터 생긴 설사는 미국에 온 지 1년 6개월 정도 지날 무렵에야 멎었고, 그 후에도 다소 불편하면 어김없이 다시 증상이 나타나 나의 고질병으로 자리잡았다. 아마 고등학교 때부터 가장 친했던 김정숙이라는 친구가 헌신적으로 나를 도와주지 않았다면 내 유학 생활은 매우 어려웠을 것이다. 그 친구는 나보다 먼저 영어교육 전공으로 유학을 와 있었고, 마치 가족처럼 생활 전반에서 도움을 주었다.

지도교수인 델 박사(Dr. Dell)는 인지행동치료를 가르치는 분이었는데 나를 각별히 대해주셨다. 필수인 상담 실습과 인턴 과정을 면제해 주었고, 영어가 달리는 나에게 TA(teaching assistant) 장학금보다 더 혜택이 많은 RA(research assistant) 장학금을 받을 수 있도록 도와주었다.

　RA 장학금을 받으려면 연구를 맡아 주로 통계 작업을 해야 하는데, 다행스럽게도 그 학교에는 서울대 경영학과를 졸업하고 좀 더 학문다운 심리학을 공부하겠다며 통계심리학(quantative psychology)을 전공으로 하고 있는 한국인이 있었다. 이순묵이라고 하는 그 선배는 내가 통계 작업을 가지고 절절매자 나를 도와주기 시작했다.

　이순묵 선배에게 통계치를 한 묶음 뽑아가지고 가면 필요한 부분만 동그라미를 쳐주면서 그것만 교수에게 가서 설명하면 된다고 했다. 다른 부분은 너무 복잡해 교수도 잘 모를 거란다. 과연 교수는 흡족해했고, 놀라울 정도라며 찬사를 아끼지 않았다. 국내에서 최고의 통계학 교수가 될 사람에게 도움을 받아가며 일했던 나는 교수가 어떤 통계 자료를 요구해도 척척 해냈으니, 돌이켜보면 인연이란 신기할 따름이다.

　어떤 날은 자료가 엉켜서 자정이 넘도록 전산실에서 씨름했다. 시행착오를 거듭한 끝에 원하는 자료를 손에 넣었을 때의 기분은 뭐라고 표현하기 어려울 정도였다. 자료를 배낭에 넣고 건물 밖으로 나오니 넓은 잔디밭에는 고요히 달빛이 고여 있었다. 그냥 지나칠 수 없었던 나는 자전거 페달을 밟으며 잔디밭 사잇길을 마구 달렸다. "너희들은 대낮에 선텐을 하지만 나는 문텐을 한다." 그렇게 소리치며 의기양양해했다. 미국의 밤이 무서워서 함부로 외출도 못 하던 나는 그날 밤 만족한 얼굴로 누가 쫓아올 수 없도록 죽어라 달려서 숙소로 돌아왔다.

교수들 간에도 나에 대한 호평이 돌았는지 나에게 친절했다. 하루는 과에서 제일 연장자인 슈미트(Dr. Schimidt) 교수가 복도에서 나와 마주쳐 인사를 나누는데 내게 허리를 굽혀 인사하는 것이 아닌가. 몇 발자국 걸어가다 그 사실을 이상하게 여긴 내가 뒤를 돌아보며 왜 내게 허리를 굽혀 인사를 했느냐고 물었다. 그랬더니 그분은 내가 늘 자기와 인사를 나눌 때 그런 식으로 몸을 굽혀 인사를 하길래 자기도 그렇게 했다며 빙긋이 웃었다.

소소한 것이긴 하지만 나에 대한, 나의 문화에 대한 존중 같아서 그날 하루 종일 뿌듯했다. 긴장의 끈을 놓지 못하는 유학생활이었지만 그런대로 순조롭게 넘어가곤 했다.

전문가로 키워내는 잘 정비된 시스템

심리상담의 꽃을 피운 미국에서 오하이오 주립대학교는 미네소타 대학교(University of Minnesota)에 이어 상담심리 분야에서 2위에 오를 만큼 체계를 잘 구축하고 있는 학교였다.

석·박사 통합과정으로 운영되는 대학원에서는 학생들이 2년 동안 상담에 대한 다양한 과목을 수강한다. 특이한 것은 각 상담이론 과목마다 실습이 세트로 따라붙는다는 점이다. 이런 실습 과목에서는 대학원에 재학 중인 고학년생들이 여러 명 들어와 각각 2~3명씩 수강생들을 맡아 내담자와 상담자 역할을 번갈아가며 실습을 시킨다.

이런 교육 과정을 통해 대학원생들이 어느 정도 상담을 익히면

TA로서 자기가 맡은 학부 수업에 들어가 상담 신청자를 모집하는 광고를 한다. 학교생활이나 일상생활에 어려움을 겪는 사람들은 심리학과에서 운영하는 상담운영실에 전화하라고 알려주는 것이다. 이때 자기네들은 아직 실습을 필요로 하는 대학원생으로 자격증을 가지고 있진 못하지만, 그 대신 열과 성의를 다할 것이라고 알린다. 자격증을 갖지 못했다고 해도 학부생들 간에 호응이 좋은 편이어서 대기자 명단에 이름을 올려야 할 정도로 많은 학생들이 몰려온다. 이런 현상은 학생들이 심리상담을 심각한 질병의 치료로 여기기보다 일상생활에 대한 도움을 손쉽게 받을 수 있는 도구 정도로 인식하기 때문이다. 어찌 보면 끈끈한 인간관계를 맺기보다 깔끔한 사회 분위기를 장려하는 문화이기 때문에 그만큼 가벼운 수준의 코칭이나 멘토링 같은 것을 필요로 하는 풍토일지도 모른다.

대학원생들은 대기자 명단에 이름이 올라 있는 상담 신청자들을 각자 3명씩 배정받아 상담을 실시한다. 심리학과가 비대해 마치 단과대학처럼 큰 건물을 다 사용하는데, 여기에는 상담을 위한 실습소가 있고 그 안에 10~15개 정도의 작은 방이 마련되어 있다. 방마다 스위치만 누르면 녹화할 수 있는 장치가 있어 대학원생들은 매번 상담을 실시할 때마다 자신의 상담 내용을 녹화한다. 각 대학원생들에게는 지도감독자로 교수 1명과 고학년 선배 1명이 실습하는 학기마다 배정되는데, 시간을 정해 지도감독자들과 만나 함께 모니터 앞에 앉아 녹화를 풀어가며 지도를 받는다. 한국에서처럼 축어록을 풀어 지도를 받는 게 아니라 함께 화면을 바라보며 지도

123

를 받기 때문에 무척 편리한 시스템이었다. 이런 실습 과정을 3학기 정도 거치고 나면 어지간한 상담자 역할은 자동적으로 할 수 있게 된다.

2~3년 정도 수학하면 필요한 학점을 거의 다 이수하고, 박사학위를 취득하기 위한 자격시험을 치른다. 이 시험에서 두 차례 이상 떨어지면 그 학교에서 더 이상 버티지 못하고 다른 학교로 옮겨야 하기 때문에 학생들에게는 1차 주요 관문이 된다.

학위인증시험에 합격하고 나면 학생들은 APA(American Psychological Association)의 인준을 받은 기관에서 인턴 과정을 밟아야 하기 때문에 전국 각지에 지원한다. 다행히 여러 곳에서 지원허가를 받으면 그중에서 자기가 가고 싶은 곳을 선정해 1년 동안 그곳으로 옮겨가 지낸다.

상담기관에서 인턴 과정을 밟는 동안 그들은 접수를 맡는 일부터 각종 세미나 참석, 상담 실시, 집단상담 참여 등의 활동을 한다. 특이한 것은 인턴 과정 교육을 이수하는 동안 대학원에서 TA나 RA 역할을 하며 받는 지원보다 더 많은 경제지원을 받기 때문에 타지에서 생활을 꾸려갈 수 있을 정도라는 것이다.

인턴 과정을 마치고 본교로 돌아오면 그때부터는 시니어급의 고학년 대학원생으로서 학위논문을 준비한다. 이 과정에서도 장학금 지원을 받기 위해 저학년 대학원생들의 실습교육이나 수퍼비전 등의 활동을 맡아서 한다. 간혹 독자적으로 집단상담을 꾸려 운영하는 사람도 있긴 하다. 집단상담은 개인상담보다 여러 명의 복잡하고 다양한 역동을 다루기 때문에 개인상담보다는 더 어려운 활동으로 간주된다.

마침내 박사학위를 따면 그 다음 순서로 2년간의 레지던트 과정을 마쳐야 한다. 이것 역시 과정을 밟기 위해 여러 기관으로 나가지만 이때부터 제법 구실을 하는 준전문가가 된다.

이렇게 소정의 실습 과정, 인턴 과정, 박사학위, 레지던트 과정을 이수하면 비로소 상담전문가 자격증을 딸 수 있는 자격요건을 갖춘 셈이 된다. 주(州)마다 근소한 차이가 있기는 하지만 대학원에 입학한 이후 전문가 자격증을 따기까지는 아무리 빨라도 7~8년이 걸리며, 보통은 10년 가까이 지나야 한다.

처음부터 나는 미국에 머무를 생각을 갖지 않았고 공부를 마치는 대로 한국에 돌아갈 생각이었기 때문에 미국에서 발급하는 자격증은 내게 큰 매력이 아니었다. 하지만 임상이나 상담 분야로 대학원에 입학하기만 하면 거의 자동적으로 전문가로 키워진다는 그들의 시스템이 내게는 매력적으로 다가왔다.

그 당시만 해도 한국에서는 박사학위가 전문가 자격증보다 더 명예롭고 영향력이 큰 것이었다. 적어도 박사학위는 국가에서 공인하는 교육기관에서 획득하는 것이고, 전문가 자격증은 석사학위를 취득한 사람이 요건을 갖추면 학회에서 발급을 해주는 것이기 때문이었다. 더구나 한국에서는 전문가 자격증을 따기 위해 각 개인이 이것저것 알아서 요건을 채우느라 많은 경비를 써야 했다. 대학원생들이 개별적으로 분투하듯 돌아다녀야 하는 한국과 달리 미국의 잘 정비된 시스템이 나는 마냥 부러웠다.

비합리적 사고와 감정의 응어리

유학기간 중 초반에 나는 인지행동치료에 퍽 흥미를 가졌다. 인지행동치료는 증상의 원인을 그릇된 사고로 설명했다. 증상을 야기하는 것을 비합리적인 사고 때문이라 여기고, 내담자가 합리적인 사고를 하도록 상담자가 적극적으로 도와주는 것을 골자로 하고 있다. 하지만 점차 나는 인지행동치료에 대해 의문을 품기 시작했다.

의문 중 하나는 무엇 때문에 비합리적인 사고를 하게 되었는지 명확하게 언급하지 못한다는 점이었다. 비합리적인 사고를 하게 된 연유를 추정하기 위해서는 어느 시점에 무엇 때문에 그렇게 되었는지 살펴봐야 하지 않느냐는 의문을 세미나 시간에 종종 제기했다.

또 다른 하나는 비합리적 사고를 하게 하는 주범은 감정적 응어리 때문이 아닐까 하는 의문이었다. 생각으로는 아무리 그만하고 싶어도 기어이 해야만 속이 풀리는 경우가 있는데, 이것은 사고의 문제가 아니라 비합리성을 띤 감정 때문이 아니겠느냐고 말하곤 했다.

이렇게 인지행동치료 세미나에서 심심찮게 과거의 경험이나 감정의 중요성을 언급하자, 하루는 지도교수가 나를 불러 진지하게 이야기했다. 내가 익숙해 있고 좋아하는 상담 접근법은 정신분석인 것 같다며 차라리 그쪽 계통의 세미나를 더 수강하는 게 어떻겠냐는 제안이었다.

그 제안에 내가 긴장하자, 지도교수는 내가 정신분석적인 이해를 깊이 있게 하고 있는 것 같다며 사람은 자기가 좋아하는 것을 해야 행복하며 그런 제안은 어디까지나 나를 위해서라고 했다. 그리고 내가 졸업을 할 때까지 지도교수로서 필요한 모든 행정적 지원을 아끼지 않겠다고 약속했다.

내가 고심한 끝에 정신분석 세미나를 택하기로 하자, 담당교수인 페펜스키(Dr. Pepensky)는 나를 퍽 반겨주었다. 미국 사회에서 일찍이 정신분석이 맹위를 떨쳤으나 실용주의가 강했던 미국 사회에 행동치료가 등장하자 그 세력은 많이 약화되었다. 더구나 제3세력으로 일컬어지는 인본주의 심리학인 인간중심상담이 등장했고, 뒤이어 인지행동치료가 나타나 세력을 확장해 나가자 정신분석은 거의 뒤안길로 밀려나 있었다. 그 때문에 그 교수 밑에는 지도학생이 거의 없을 정도였는데, 동양에서 온 여학생이 정신분석에 관심을 표명하며 세미나에 참석하자 그 교수는 나를 퍽 신통하게 여겼다.

정신분석 세미나에서는 한국에서 공부했던 게 크게 유익했다. 아마도 그런 기본 지식을 갖고 있지 않았으면 난해한 그 교수의 설명을 도저히 소화하지 못했을 것이다. 그 교수가 어렵게 설명을 하더라도 내가 알고 있는 것을 근거로 서투른 영어로라도 근사치의 답을 할 수 있었다. 그러면 교수는 반색을 하며 극찬을 해주었다.

그런데 1980년대였던 그 당시 내가 유학한 학교에는 크로스 컬처 카운슬링(cross-culture counseling)이라는 과목의 강좌가 있었다. 미국 내의 소수민족을 상담할 때 기존의 상담이론에 근거해 접근하는 것이 적절치 않다는 것이다. 내담자를 제대로 이해하기 위해서는 상담자가 그 사람이 자라난 문화적 배경과 사회 가치나 규범을 이해해야 한다는 의미였다. 기존의 상담 이론들은 백인 중산층을 기준으로 형성된 것들이기 때문에 자칫 내담자에게 불이익을 초래할 수 있다는 것이다.

수긍이 가는 내용이었으나 나는 그 과목을 수강하지 않았다. 장차 내가 살아갈 곳은 한국이라고 굳게 믿었고, 한국 사회는 보기 드물게 단일민족으로 구성된 나라이기 때문에 내게는 그런 내용이 그다지 필요하지 않을 것이라 생각했기 때문이다.

원로교수가 보여준 배려와 친절

학위논문을 쓰기 위한 첫 관문은 학위를 따기 위한 자격시험이었다. 탈락률이 높은 편이라 바짝 준비를 해야 하는데 지도교수가 적극 도와주었다. 매주 나에게 예상되는 문제를 2~3개 내주고는 답을 마련해 오라고 했다. 나름대로 열심히 준비해 가면 지도교수는 각각에 대해 보완점을 일러주곤 했다. 이런 식으로 몇 개월 지도해 주다 맨 마지막에 가서는 수험생들이 손을 대지 못할 정도로 엉뚱한 문제를 내기도 했다. 그런 문제는 위기상황에서 어떤 식으로 대처하는지에 관한 능력을 보기 위한 거란다. 이럴 경우 그냥 백지를 내면 낙제를 면치 못한다면서 몇 단계를 거쳐서라도 자기가 알고 있는 영역으로 끌고 와 답안지를 작성하라고 했다. 그런 식으로 어떻게든 연결고리를 만들어 답안지를 작성하면 최소한 기본 점수는 받는다는 조언이었다.

과연 대처능력을 가늠하는 그러한 시험문제가 나왔고, 미흡하지만 몇 단계를 거쳐 연결고리를 이어가며 내가 아는 영역으로 끌고 와서 답안지를 썼다. 그렇게 학위인증시험에 합격하고 나자 지도교수는 나보다 오히려 더 안도하는 듯했다. 두 번 이상 떨어지면 그 학교에서의 졸업은 어렵기 때문이다.

다시 지도교수는 논문 주제를 찾을 때까지 논의 과정을 지도해 주었는데, 잊지 못할 광경은 나와 30~40분 동안의 대화를 마치고 났을 때의 피곤한 안색이었다. 내가 번번이 yes와 no를 헷갈리게 대답하니까 언제부터인가 교수는 다시 확인을 하곤 했는데, 그것이 여간 피곤한 문제가 아니었던 모양이다. 영어에서는 긍정문으로 물었든 부정문으로 물었든 말하는 내용이 부정이면 끝까지 no라고 해야 하는데, 나는 한국어에서의 습관대로 부정문의 질문에 부정을 뜻하면서도 여지없이 yes라고 답했기 때문이다.

내가 유학하고 있던 학교에서 한국인 학생들이 둘러앉으면 으레 한국에 돌아가 일자리를 얻을 수 있겠느냐 하는 걱정을 나누었다. 이럴 때마다 나는 그래도 이 넓은 미국에 와서 마음껏 활개치며 공부했다는 사실 하나만으로도 행운으로 여긴다는 생각을 하곤 했다.

어떤 이는 교민 사회에서 한국인 상담자를 필요로 하니 미국에 남아 그들을 돕는 게 어떠냐고 내게 제의하기도 했다. 하지만 나는 한국에 계신 부모님이 이미 70대 노인들이었기 때문에 언제나 귀국을 고대하며 살았다.

하루라도 빨리 귀국하겠다는 의지로 얼마나 열심히 치달았던지 결국 건강에 이상이 오고 말았다. 체중도 45킬로그램까지 내려갔고, 어느 시점에는 책상 앞에 15분도 앉아 있기 어려울 정도로 속이 메슥거려서 공부를 할 수 없었다. 병원에서는 아무 이상이 없다고 하는데 견디기 어려워하자, 가깝게 지냈던 친구, 김정숙은 뉴욕에 있는 한의원에라도 가보자며 15시간이나 운전해서 나를 데리고 갔다.

너무 무리를 해서 기가 쇠해졌다며 한의사는 학업을 중단하고 쉬어야 한다고 말했다. 그럴 수 없다고 버티자, 그렇다면 기운이 복구될 때까지 한약이라도 몇 재 먹어야 한다고 했고, 나는 그렇게 해서라도 얼른 학위를 마치고 한국으로 돌아가겠다고 했다.

모든 게 다 좋을 수만은 없었는지 내가 엄청난 도움을 받았던 친구와 막판에 틀어지는 일을 겪기도 했다. 나는 친구에게 큰 상처가 되리라 생각지 못하고 제삼자가 낀 일에 살짝 친구에게 거짓말을 했다. 하지만 그것은 나를 많이 도와줬던 친구의 심기를 크게 건드렸고, 놀란 내가 거듭 사과를 했지만 돌아선 친구의 신뢰나 우정은 회복하지 못했다.

결국 이 사건은 내 인생에서 가장 아프고 부끄러운 것이 되고 말았다. 더군다나 그 친구에게는 많은 빚을 졌는데 갚지 못하는 아픔을 갖게 되었다. 아마도 이런 실책 때문에 어쩌면 나는 더 고지식해지는 경직성을 갖게 되었는지도 모른다.

박사학위 논문에서 나는 self 개념의 한 구성요소인 possible

self가 동기에 미치는 영향에 대해 썼다. 사회심리학자인 마르쿠스 (Markus)가 제안한 그 개념은 내게 신선했고, 지도교수도 그런 개념을 상담 분야로 끌어오는 것에 흥미를 보였다.

학위논문 심사에서 5명의 심사위원들 앞에 앉아 구술시험을 쳤다. 걱정했던 것과는 달리 그날따라 위원들의 질문은 내 귀에 잘 들렸고, 나는 제법 영어를 유창하게 구사하며 대답했다. 내심 나의 영어실력이 늘었다는 생각에 뿌듯함을 느낄 정도였다.

심사를 마치고 심사위원들이 통과 여부를 결정짓는 동안 나는 밖으로 나와 대기하고 있었다. 잠시 후 지도교수가 문을 열고 나와 15미터가량 떨어진 곳에서 서성이고 있는 나를 향해 박수 치는 손짓을 보였다. 통과라는 사실에 기뻐하며 달려가니까 그분은 다리를 굽혀 나를 맞이해 안아주었다.

나중에 심사를 맡아준 모든 교수들에게 고맙다는 인사를 하러 연구실로 찾아갔다. 그랬더니 내게 고개를 숙이며 인사하곤 했던 슈미트 교수가 문가에 기대어 빙긋이 미소 지으며 말했다. 내가 알아들을 수 있도록 쉽게 질문한다는 것이 그렇게 어려운 것인 줄 그제야 알았다는 말을! '아, 그래서 그렇게 영어가 원활하게 되었던 것이구나!' 하고 나는 전율하도록 감격했다. 학과에서 원로 격인 그분이 나를 배려하고자 그렇게 또박또박 천천히 이야기하니까 다른 젊은 교수들도 그만 덩달아서 간략하면서도 쉽게 질문을 했던 것이다.

감격해서 멍하니 있는 나를 쳐다보며 그분은 진지하게 "Be

proud of yourself!” 하고 말했다. 미국인 학생들도 그렇게 짧은 시간 내에 학위를 따지 못하는데 너는 해냈다며 자기네들도 놀랐다는 말을 해주었다.

미국에서는 졸업식장에서의 축사를 그 학교 총장이 하지 않고 유명인사를 초청해서 하는 편이다. 그 자리에 참석하는 졸업생이나 축하객을 한껏 고양시키기 위한 나름의 의례가 아닐까 생각된다.

그날도 유명인사가 초빙되어 왔고 장중한 복장을 하고 연단에 오르더니 멋들어지게 축사를 했다. 그의 입에서 나온 첫 일성은 “Finally, you got freedom!”이었다.

맨 앞줄에 앉아 있던 나는 그 말에 가슴이 쿵쿵 뛰며 전율했다. 얼마나 가슴을 때리던지 눈가가 이슬이 맺힐 정도였다. 이어지는 그 연사의 말은 그동안은 지도교수를 비롯해 많은 교수들에게 지도를 받아야 했지만, 이제부터는 자유롭게 발걸음을 떼어놓을 수 있다고 했다. 박사학위를 취득한다는 것은 독립할 수 있는 자격을 의미하는 것이란다.

학위를 취득한다는 것은 학문에 있어서 누구의 간섭도 받지 않고 독자적으로 자기 목소리를 낼 수 있는 자격을 부여받는 것이라니 감개무량했다. 박사라는 것이 그런 의미를 갖는 것이란 생각은 그때까지 못 해봤다. 형편없는 주장을 하더라도 적어도 공식적으로는 자격 없다는 말을 듣지 않아도 된다는 사실이 그날따라 벅찬 감동으로 내게 다가왔다.

고급 내담자에게, 인간중심상담

1988년 여름에 미국에서 박사학위를 마치고 충주의 부모님 곁으로 내려와 부모님이 운영하던 목욕탕 계산대에 앉아 있거나 인근 밭에서 재배하던 버섯의 꼭지나 자르며 뒹굴뒹굴 지냈다. 막판에 밀어붙이듯 속도를 내느라 진을 뺐기 때문에 한동안 그냥 그렇게 지내고 싶었다. 나보다 학위가 늦어진 친구와 끝내 화해하지 못하고 귀국했던 것도 마음에 큰 부담이었다.

내가 귀국해서 충주에서 그리 지내고 있자, 이 사실을 알게 된 이동식 선생님이 시외전화를 걸어 호통치듯 말씀하셨다. 무슨 제갈공명이라도 되느냐며 빨리 상경해 사람들을 만나라는 것이다. 아무런 생각 없이 지내던 나는 선생님의 애정 어린 호통에 뭉클해져 서울로 올라갔고, 무사히 학위를 마치고 왔다며 여기저기 아는 사람들에게 인사했다.

가톨릭대학교의 전신이었던 성심여대 심리학과에 계시던 윤호균 교수는 내가 그 학교로 올 것을 제안했다. 나는 다른 곳으로 가고 싶어 미적거렸지만, 결국 다른 곳에 대한 미련을 접고 가톨릭대학교로 갔다.

내가 유학하고 있는 동안 한국 상담계에도 변화가 있었다. 전에는 임상과 상담 분야가 하나로 묶여 있었는데, 수장 격인 교수들 간에 불화가 생겨 1986년경 분리됐다고 한다. 유학을 떠나기 전에는 통합 과정에서 임상과 상담 모두를 전공했지만, 미국에서는 상담을 전공으로 택했던 나는 상담심리학회로 가입을 했다. 나는 병원에서 상태가 심각한 환자들을 대상으로 평가를 하는 작업보다 대화가 가능한 일반인을 상대로 상담하는 것을 더 좋아했지만, 상담심리학회로만 소속되는 것은 썩 좋은 기분은 아니었다. 고려대학교에서 함께 공부했던 학우들은 거의 다 임상 쪽으로 소속되어 있었기 때문이다. 서로 보완해야 할 두 분야가 분리되어 얻는 이득이 과연 무엇이겠는가 하는 회의감도 들었다.

병원이란 곳은 의사 이외의 사람들이 편하게 일할 수 있는 환경이 아니라고 본다. 생명을 다룬다는 긴박감 때문인지 이상하게도 의사들의 장악력이 센 편이다. 뿐만 아니라 임상심리학자를 고용하는 병원의 숫자도 한정되어 있기 때문에 임상 전공자들이 병원에서만 일할 수는 없다. 이러한 이유로 병원 밖에서 활동하려면 단회기에 끝을 맺는 심리검사만 할 수는 없고, 면담을 통해 이어지는 심리치료를 해야만 한다. 즉 면담을 주축으로 하는 상담기술을 익히지 않으면 안 된다는 것이다.

상담 전공자 역시 기초공사가 제대로 이뤄져야 빌딩을 지을 수 있듯이 내담자에 대한 정확한 평가를 근거로 해야만 상담 계획을 제대로 수립할 수 있다. 이런 기초 작업을 소홀히 하고서는 상담 성과를 얻을 수 없다고 본다. 정신병적인 징후가 나타남에도 불구하고 그것을 신경증 수준으로 여겨 오로지 지지적인 정성이나 기울이려는 상담자들을 종종 보곤 한다. 그러므로 상담 전공자들도 내담자에 대해 주관적인 평가에만 의존하지 말고 좀 더 객관화된 진단과 평가를 할 수 있어야 한다.

이런 까닭에 나는 임상의 주 무기인 객관화된 평가기술과 상담의 주 무기인 면접기술은 상보적 관계라기보다 이어지는 하나의 과정으로서 필히 합쳐져야 한다고 여긴다. 이 둘을 모두 익혀야 전문가로서의 역량을 제대로 펼 수 있다고 생각하기 때문이다.

내가 유학을 마치고 귀국했을 당시 한국은 88올림픽을 치른다며 한창 들썩거렸다. 전 세계의 시선이 쏠리는 올림픽이라는 축제를 개최하면서 국민 모두는 한껏 고양되어 있었다. 이런 흐름에 발맞춰 교육계에도 선진화 바람이 불어 각 교육청은 학부모로 구성된 자원봉사팀을 거느리고 있었다.

이런 활동에 많은 기여를 했던 곳이 한국인성개발원이다. 일본에서 한창 붐을 일으켰던 참만남 집단상담(encounter group counseling)을 1970년대 초반에 몇몇 중고등학교 선생들이 접하고 한국에서도 인간 존중의 문화를 활성화시키자고 만든 기관이 바로 그곳이다. 이곳의 선생들은 한국에서도 참만남 수련을 꽃피우자며 그 전파에 열심이었다. 나아가 청소년인 중고등학생들에게도 집단상담을 실시해 보자는 취지로 그들에게 맞게 응용한 심성훈련, 즉 구조화 모형의 프로그램을 개발해 적극 활동을 펼쳤다.

그곳의 원장으로 재임했던 이상훈 선생님은 '한국의 로저스'라고 불릴 정도로 조용하면서도 수용적인 분위기를 풍기는 분이었다. 유학을 떠나기 전에 알게 된 그분을 유학을 마치고 와서도 다시 뵙고 교류했다. 그분과 함께 인성개발연구원에서 개최하는 집단상담을 실시하면, 그분은 80세 전후의 고령임에도 불구하고 전체의 흐름을 투명하게 바라보며 개입을 자제하고 스스로 깨어나도록 끈기 있게 기다리는 태도를 취하셨다.

그분과 가깝게 지냈던 나는 선생님처럼 상대방의 가능성을 충분히 믿고 끈기 있게 기다리고 싶은데 그것이 잘 되지를 않는다고 고백했다. 그러자 그분은 나의 등을 쓸어주며 "나는 성숙이처럼 예민하면서도 적중하는 말을 하고 싶어도 그게 잘 되지를 않아. 그러니까 성숙이는 그것을 남들이 쉽게 따라하지 못하는 자신의 장점으로 여기고 계속 그렇게 하는 것이 좋겠어!" 하고 말씀하셨다.

그 당시 학교에서는 상담 자원봉사를 하는 학부모들을 중심으로 상담에 대한 열기가 치솟았는데, 이들에게 실시됐던 교육이 주로 인간중심상담이다. 단기교육을 통해 비전공자들에게 상담을 가르치려면 정신분석이나 행동치료 같은 것들은 아무래도 전문적인 지식이 따라줘야 하는 것들이니까 그리 적절치 않다고 본 것이다. 반면에 수용적 태도를 강조하는 인간중심상담은 기본적으로 사람에 대한 존중이나 배려를 지닌 사람들이라면 비교적 쉽게 학습할 수 있다고 여겼던 듯하다. 그렇기 때문인지 상담 자원봉사자들을 양성하는 기관에서는 거의 천편일률적으로 인간중심상담 접근법을 강의해 달라고 부탁했다. 내담자를 무조건적으로 존중하는 상담자의 수용적 태도와 공감적 태도만 견지하면 상담자는 내담자의 성장을 촉진시킬 수 있다고 믿었던 까닭이다.

하지만 나는 상담 교육의 기회가 있을 때마다 인간중심상담은 아주 고급스러운 것이기 때문에 수준이 있는 내담자에게 실시하는 것이 적합하다고 말했다. 그러므로 아직 지도편달이 필요한 청소년들에게는 상담자가 적극적인 개입을 하며 도움을 주는 게 오히려 더 좋은 상담이 될 수 있다고 했다. 사춘기 청소년들은 아주 중요한 시기에 있기 때문에 조속히 적응을 이루도록 도와주는 게 필요하다고 한 것이다. 현실에서 허물어지는 속도가 잠재력을 활성화시키는 속도보다 빠르다면 상담의 효과라는 것은 그야말로 무용지물이 될 것이기 때문이다.

하지만 사람들은 내담자를 충분히 믿어주고 공감해 주면 그의 내재된 잠재력이 활성화되어 스스로 변화를 이룩하게 될 것이라는 믿음을 버리지 않았다. 그만큼 인간중심상담의 철학이나 인간관은 아름다웠고 매력적이었기 때문일 것이다. 나 역시 그것에 매료되어 상담공부를 시작했던 사람이니만큼 이해는 한다. 인간중심상담이 적어도 내담자에게 해를 끼치지는 않는 것이라고 생각하지만 도와줄 시기를 놓칠 위험성도 있다는 점을 잊지 말아야 한다.

철쭉님과 만나
현실역동상담을
시작하다

교수로 재직하면서 나는 상담 실무에 손을 대기 시작했다. 학생들을 가르치는 것도 좋아했지만 실제로 상담을 하는 것이 순간순간의 도전으로서 더 흥미진진했기 때문이다. 어지럽게 엉켜 있는 내담자의 문제를 접하면서 당면한 문제가 어떤 것이고, 그것이 어떤 계기를 통해 나타나기 시작했는지, 또 잠복해 있던 어떤 인자가 활성화되었는지 일목요연하게 살펴내는 것은 마치 탐정놀이를 하듯 집중하는 재미를 주었다.

　잘난 척으로 들릴까 봐 조심스럽지만, 문제의 원인이 무엇이고 또 어떠한 과정을 거쳐 현 시점의 문제에 이르게 되었는지를 한 가닥으로 뽑아내는 것은 내게는 그리 어렵게 느껴지지 않았다. 일찍이 이동식 선생님은 내담자가 하는 몇 마디만 듣고도 상담자는 그의 핵심 감정이 무엇인지 단박에 파악해야 한다고 귀에 못이 박히도록 강조하셨다. 어떤 문제든 기저에는 불만에 따른 분노, 즉 적개심이 자리하고 있다는 것을 그분 밑에서 신물이 나도록 익혔던 나는 어느덧 원인을 살피는 데에는 제법 기민했다. 그리고 이런 면은 상담 과정에서 더욱 강화되면서 발전했다.

자신에 대한 이해 VS. 행동의 변화

교수가 본업인 만큼 상담 실무에 대한 감각을 잃지 않는 정도로만 하자고 생각해서, 처음에는 5~6명 정도의 내담자만 만나려고 했는데 그것도 그리 쉽지 않았다. 내게 상담을 받았던 사람들이 자꾸 소개를 하는 바람에 내담자들이 계속 불어났기 때문이다. 솔직히 그것이 그리 싫지 않았던 나는 점차 상담 실무에 더 재미를 붙여 갔다.

나는 내 주특기를 분석적 이해라고 여기고 정신역동적 이해를 중시했다. 내담자들을 만나면 성장 시절의 어떤 시점에서 무엇 때문에 휘어지기 시작했는지 변곡점을 찾아냈고, 그런 굴절이 현재에 이르기까지의 변천 과정을 짚어내어 한 줄기로 엮어냈다. 나아가 내담자가 자신에 대해 깊이 있게 이해할 수 있도록 파악한 내용을 들려주었다. 그냥 묵묵히 지나가는 것보다 문제에 대한 전후 관계를 명료하게 일러주면, 내담자는 변화와 상담에 대한 동기화를 더 잘 이룬다고 여겼기 때문이다.

이런 상담 방식에 대해 일부에서는 내담자가 자신의 문제를 스스로 깨닫도록 해야 감동이나 성과가 크지, 상담 초반에 해석을 해주면 그 감동이나 성과가 적어질 수 있다며 우려를 표하기도 했다. 하지만 내가 파악한 바에 의하면, 내담자는 자신의 역동에 대해 알아야 상담에 대해 더 지속적인 흥미를 가졌다. 자신에 대한 개략적인 이해를 하는 것은 항해를 하는 데 있어 나침판과 같은 역할을 하는 것이라고 생각했다. 특히 그 즈음 우리 사회에 확산돼 있던 것은 공감과 지지를 기반으로 하는 인간중심상담이었기 때문인지, 무의식화되어 있는 정서적 힘이 어떤 식으로 작용하는지를 살피는 정신역동적 접근은 사람들에게 신선함을 안겨주었다.

많은 내담자들이 호평을 해주자 나도 퍽 흡족했는데, 그것도 몇 년 지나자 편편치 않았다. 짧은 회기의 상담을 받는 사람들에 대해서는 문제가 되지 않았지만, 몇십 회기 이상 상담을 지속하는 이들이 문제였다. 내담자들이 이해의 수준을 넘어 태도의 변화를 보여야 하는데, 머리로만 이해를 했지 정작 필요한 변화는 좀처럼 보이지 않았기 때문이다.

상담의 주된 목적은 행동과 태도의 변화다. 자신에 대한 이해는 변화를 위한 필요조건이지, 그 자체가 목표가 될 수는 없다. 하지만 내게 중·장기적으로 상담을 받는 내담자들은 자신에 대한 이해뿐만 아니라 부모의 역동까지 훤히 꿰고 있으면서도 정작 변화에 대해서는 뒷전이었다. 나는 결국 내 상담 방식에 회의를 품게 되었다. 그렇다고 달리 어떻게 해야 할지도 모르는 상태에서 이러지도 못하고 저러지도 못하는 교착 상태에 빠져 지냈다.

사실 분석이라는 것은 상담자 입장에서는 2~3회기만 해도 대략적인 줄기를 잡을 수 있고, 내담자도 5회기 정도만 지나도 자신에 대해 지적 수준의 통찰을 이룰 수 있다. 아무리 더딘 내담자일지라도 10회기를 넘어가도록 자신에 대한 통찰을 못하지는 않는다.

자신에 대한 깊은 이해를 위해 장기간 분석을 원하는 내담자도 있긴 하지만, 사실 이해의 깊이와 행동의 변화는 비례하는 것이 아니다. 오히려 내담자들은 힘이 많이 드는 변화를 시도하기보다 슬쩍 비껴서는 수단으로 자신에 대한 이해에 매달리는 듯했다. 그렇기 때문에 상담자는 내담자가 원한다고 해서 미세하게 파고들어가는 분석을 마냥 지속하기보다 방향을 틀어 변화에 착수하도록 밀어붙일 필요가 있다. 하지만 밀어붙이는 작업을 어떻게 해야 할지 몰랐던 나는 편편치 않은 심정일 수밖에 없었다.

철쭉님과의 현실 문제 트레이닝

뜻이 있으면 길이 열린다고 상담 방법에 있어 교착 상태에 빠져 있던 내게 새로운 국면이 열렸다. 노사분규가 최고점에 달하던 1990년대 초, 후에 내 상담 인생에서 실로 엄청난 영향을 끼치게 될 분을 만났다. 내가 미국에서 상담 분야 전공으로 학위를 마치고 왔다는 말을 듣고 내게 관심을 가졌던 그분은 노기현 선생이었다. 내가 혹시 노사 간의 대립에 대화의 물꼬를 트는 역할을 할 수 있지 않을까 기대감을 가졌다고 한다.

그분은 나를 살펴보기 위해 내가 운영하는 집단상담에 '철쭉'이라는 닉네임으로 참석했다. 하지만 그분은 내가 집단원들이 하는 비상식적인 말이나 거짓말에 대해 곧이곧대로 믿으려 할 뿐만 아니라, 연결이 안 되는 부분에 대해서는 추정을 해서라도 연결고리를 만들어 이해하려는 모습을 보고 실망하고 말았다.

그렇지만 예상치 않은 일이 벌어지는 바람에 철쭉님은 나를 돕는 일에 앞장서게 되었다. 불순한 동기를 갖고 집단상담에 참석한 어떤 여자가 다른 남자들을 대상으로 사기를 치려고 하는 것을 간파하고 나를 그대로 내버려둘 수 없었다고 한다. 그냥 두었다가는 다칠 것이 뻔하니까 적극 나서서 금전적으로 사기를 치려는 그 여자의 계획이 수포로 돌아가도록 나를 도왔던 것이다. 가까스로 철쭉님과의 관계가 이어지면서 나는 창피함과 아울러 도움을 받은 만큼 그분을 신뢰하게 되었다.

나는 그 사건을 계기로 공부만 해왔던 내가 현실에서 벌어지는 문제들에 대해 얼마나 문외한인지 철저히 깨달았다. 이때부터 잘 알지 못하는 현실적인 사안에 대해서는 철쭉님에게 자문을 구하는 식으로 도움을 요청하곤 했다. 그러면 고맙게도 철쭉님은 해법을 모색해 주곤 했는데, 그렇게 하는 과정에서 그분도 나에 대한 활용 가능성을 모색했는지 가끔씩 노사분쟁을 조정하는 자리에 나의 참석을 요청했다.

노조 측과 대립하거나 대화하는 과정에서 철쭉님의 딱딱 분지르듯 단호히 처리하는 모습은 상당히 인상적이었다. 따뜻하게 공감을 해주는 것도 아니고 상대의 심리를 예리하게 분석해 주는 것도 아닌데, 상대방은 탁탁 무릎을 꿇듯 인정할 것은 인정하고 털 것은 털며 전진하는 모양새가 참으로 신기했다. 그동안 내가 해오던 상담일에서는 확연한 것이 없이 그저 뭉뚱그려진 모습이었는데, 철쭉님이 일하는 현장에서는 성과 면에서 너무도 선명했기 때문이다.

어느 순간 '내가 찾던 게 바로 저런 것은 아닐까!' 하는 생각을 했다. 좀처럼 변화되지 않는 내담자를 보고 실망하면서도 좀처럼 대안을 찾지 못하던 차였는데, 철쭉님의 단호하고도 시원스러운 태도를 접목시키면 돌파구를 마련할 수 있을 것 같았다. 그동안 나는 내담자가 자신에 대한 이해를 갖추면 스스로 변화를 맞이할 것이라는 믿음에 기초해 원인론 상담에 주력했는데, 철쭉님이 현실적인 방향을 모색하고 단호하게 밀어붙이는 모습을 보니 점차 해결방안론의 가치에 눈을 뜨기 시작했던 것이다.

필요할 때마다 자문을 구하곤 하던 나는 결국 철쭉님에게 집단상담을 함께 해보자고 제안했다. 처음에 철쭉님은 내 제안에 대해 좀처럼 응하지 않았다. 철쭉님도 외국에 잠시 있는 동안 심리학 공부를 한 적이 있어 심리학에 대해 일종의 향수 비슷한 애정을 갖고 있긴 했다. 하지만 상담이라는 게 본인의 일과는 너무 거리가 멀었고, 더구나 내가 그다지 사회적 상식을 갖춘 사람이 아니라고 생각해 나와 함께 작업하는 일을 그리 내키지 않는 듯했다.

그래도 열심히 공을 들인 덕분에 철쭉님은 마침내 수락을 해주었고, 함께 집단상담 작업을 하기에 앞서 호흡을 맞추기 위한 조율작업에 착수했다. 철쭉님은 나의 사회적 상식을 넓혀야 한다며 특별한 수련을 시켰다. 내게 퀴즈를 내듯 의견을 묻고, 그것이 마땅치 않으면 일일이 설명을 해주었다. 민망하기도 하고 자존심이 상하기도 했지만 교착 상태에 빠진 상담의 질을 향상시키기 위해서 그 과정을 감수하고 견뎠다. 행여 내가 감상적인 대꾸를 하면, 그런 식으로 어떻게 남의 가려운 곳을 긁어줄 수 있겠냐며 냉철하게 질타하기도 했다. 혹독하리만치 단호하고 냉철할 때도 있었지만, 그와 동시에 인정이나 의리를 중히 여기는 태도를 보고 나는 오히려 철쭉님을 통해 사람을 사랑하는 게 어떤 것인지 배웠다고도 할 수 있다. 우리가 발을 디디고 살아가는 현실을 무엇보다 중시하며 더불어 살아가는 관계의 중요성을 강조하는 나의 상담 방식은 후에 '현실역동상담'이라고 이름 붙였고, 이때부터 태동한 것이라 할 수 있다.

'직면'하면 태도와 행동이 바뀐다

마침내 철쭉님의 수락을 얻어내어 공동작업으로 5박 6일씩 집단상담을 시작했다. 그런데 처음에는 작업이 썩 원활하지는 않았다. 나는 심리적인 것에 역점을 두어 안으로 파고드는 반면 철쭉님은 지극히 현실적으로 조망했는데, 때로는 그 간격이 너무 컸기 때문이다. 뿐만 아니라 때때로 철쭉님의 관점과 내 관점이 충돌하는 바람에 집단원들이 혼란스러워하며 우리를 번갈아가며 바라보기도 했다. 나는 비교적 집단원이 준비될 때까지 기다려야 된다는 입장이었고, 철쭉님은 강력한 직면을 통해 압박함으로써 변화를 향해 전진하도록 밀어붙이려 했기 때문이다.

이러한 불일치로 인한 혼란이 지나가고 세월을 거듭하면서 철쭉님과의 협동 작업은 조화를 이루어갔다. 이때부터 나는 마치 양 날개를 단 듯 상담에서 편안함과 자유로움을 느끼기 시작했다. 정신역동적 관점에서의 분석력과 현실적 관점에서의 해결력을 겸비하기 시작했기 때문이다. 문제의 뿌리를 깊이 있게 분석하되 거기서 그치지 않고 내담자가 습성화된 패턴을 극복하도록 강력하게 개입해 줘야 한다는 사실을 깨달은 것이다.

철쭉님의 관점은 분명했다. 사람은 만물의 영장으로 그 어떤 동물보다 강한 적응력을 지닌 존재이기 때문에 어지간한 자극이나 충격은 다 소화해 낸다는 것이다. 꾀를 부리며 안 하려 들기 때문에 못하는 것이지 하려고만 하면 다 하게 되어 있단다. 그러므로 한두 번 말을 해도 안 들으면 직면을 시도해서 변화하도록 압박을 가할 필요가 있다는 의견이다. 그렇지 않고 마냥 기다려주거나 받아주기만 하면 내담자를 응석받이로 만들기 쉽다고 일침을 놓았다.

처음엔 그래도 상담은 수용해 주는 게 기본이라며 주저했는데 희한한 일이 발생하곤 했다. 집단상담에서 독한 말은 거의 다 철쭉님이 하는 편인데, 내가 너무 무섭게 군다며 사람들은 나를 꺼려했다. 심지어 철쭉님에게 심한 말을 들은 사람들이 그 말을 내가 했다고 왜곡하기도 했다.

이런 현상에 대해 내가 어리둥절해하며 억울해하자, 철쭉님은 껄껄 웃으며 내가 사람을 다룰 줄 모르기 때문에 그런 일이 벌어진다고 했다. 사람은 감정을 지닌 존재이기 때문에 자극을 주었으면 반드시 풀어주는 후속 조취가 뒤따라야 한다고 했다. 그래야 서운한 감정을 갖지 않는다는 것이다.

내가 현실 문제를 한 수 한 수 배워나가면서 내담자들의 만족도는 전보다 높아지기 시작했다. 자신에 대한 이해를 쌓고도 정작 필요한 태도 변화에 있어서는 마냥 미적거렸던 내담자들이 직면을 당하면 정신을 바짝 차리고 변화를 향해 발돋움하는 것이었다. 직면은 모순을 자각하게 만드는 개입 방식인데 그 효과는 엄청 컸다. 그것은 부끄러움을 불러일으켜 변화에 대한 동기를 강화시키곤 했다.

이즈음부터 나는 심리상담을 심리 내적인 갈등으로 인해 증상을 앓는 사람들에게만 실시하는 것으로 국한시키지 않고, 일반인들에게 생활 전반에 걸쳐 일어나는 갈등이나 문제를 광범위하게 다룰 수 있는 것으로 확대했다. 내담자들에게 어렸을 때의 상처를 찾아 근원적인 문제점을 일깨워주는 방법을 넘어서, 당면한 문제에 대해 현실적으로 대응할 수 있도록 방향 제시를 모색해 주는 방식의 단기상담을 시도했다.

그리고 상담을 하다가 뭔가 미진하면 수시로 철쭉님에게 자문을 받았다. 그러다 잘못된 것을 발견하면 땜질하듯 서둘러 시정을 해주었다. 그때는 그렇게 반복하는 게 부끄럽기도 했지만 도리어 내담자들은 나의 그런 태도를 고마워하며 더 신뢰해 주었다.

상담심리학회에서의 갑갑함

1990년대 당시만 해도 상담심리학회에서는 학기 중 매달 회원

전체가 참여하는 사례발표회를 개최했다. 발표자가 학회 당국에 3~4주 전에 사례를 보내면, 당국에서는 전국에 분포되어 있는 분회로 사전에 사례를 배포한다. 그러면 분과에 소속되어 있는 회원들은 미리 그것을 가지고 토의하고 나서 사례발표회에 참석한다. 단상에서는 사회자의 진행으로 발표자와 두 명의 토론자들이 논의를 하고, 회원들은 그것을 들으며 분회에서 논의했던 내용과 비교하며 공부하는 식이었다.

그런데 이때 단상에서 논의되는 내용들이 나름 수고했다는 식의 두루뭉술한 칭찬인 경우가 거의 대부분이었다. 우리 사회에 가장 널리 알려졌던 상담 접근이 인간중심상담이었기 때문인지, 대다수의 발표자들이나 토론자들이 화기애애한 분위기 속에서 토론을 진행했다.

칭찬을 한다는 것이 얼핏 생각하기에는 나쁠 것 없겠지만 공부하는 사람 입장에서는 실망을 금하기 어려웠다. 내담자가 어떤 내용이든 다 말할 수 있도록 일관되게 수용적 태도를 취한 것이 돋보인다든가, 내담자가 스스로 치고 일어날 때까지 기다린 것은 그만큼 내담자를 신뢰했다는 증거라든가, 어쨌든 몇십 회기씩이나 상담이 지속됐다는 것은 내담자 입장에서 도움을 받았다는 증거라든가 하는 말을 들을 때마다 나는 갑갑함을 느꼈다. 아무리 발표하는 당사자를 앞에 앉혀놓고 하는 토론이라지만, 분과에서 토론할 때보다 칭찬 일변도로 대충대충 하는 느낌을 받았기 때문이다.

학회 차원의 발표회에서 번번이 토론다운 토론이 이뤄지지 않는 것이 답답했던 나는 단상에서의 토론을 마치고 방청석에 앉아 있는 사람들에게 질문할 기회를 줄 때, 일어나 마이크를 잡았다. 그리곤 내담자에게 어떤 실질적인 도움을 주었는지 선명하지 않다며 생각했던 문제점들을 날카롭게 지적했다. 그야말로 막판에 찬물을 끼얹는 식으로 보였을지도 모른다. 졸지에 단상에 올라가 있던 사회자, 발표자, 두 명의 토론자들 모두가 그동안 나누었던 의견에 대해 비평을 받는 입장에 놓였기 때문에 나를 불편하게 여겼을 것이다. 조목조목 지적하는 나의 태도는 다분히 공격적으로 비쳤을 수 있다.

이후 나에 대한 사람들의 태도는 양쪽으로 갈라졌다. 내 말이 맞든 틀리든 내 태도가 너무 튀고 공격적이라며 거의 알레르기 반응을 보일 정도로 나를 싫어하는 사람도 있었다. 반면에 단상에서 펼쳐지는 토론이 막연하게만 느껴졌는데 나의 말을 들으니 선명해진다며 반기는 사람들도 있었다. 나에 대해 찬반론은 갈수록 심해졌지만 나는 아랑곳하지 않고 매달 빠짐없이 사례발표회에 쫓아다니며 막판에 내 견해를 피력하곤 했다.

해가 거듭될수록 상담심리학회에서는 나를 요주의 인물로 취급했다. 매번 막판에 판을 뒤엎듯 했으니 그럴 만도 했다고 본다. 점차 나는 상담 분야에서 열외인물로 취급되기 시작했다. 그렇다고 학회 참석을 금할 수도 없는 노릇이었던 운영진 측에서는 단상에서의 토론을 끝내고 아예 청중석에 발언권을 주지 않는 식으로 나를 차단하려는 시도를 하기도 했다. 그야말로 나는 눈엣가시와 같은 존재로 부상되었다.

한국적
심리상담을 위한
둥지를
마련하다

어느 날 철쭉님은 나를 중심으로 한 공부모임을 만드는 게 어떠냐고
제의했다. 현직 교수로 재직하는 동시에 개인적으로 상담을 실시하
느라 여념이 없었던 나는 처음엔 그런 제의를 썩 내켜하지 않았다.
공부모임을 만들면 그것을 운영하기 위해 별도의 시간을 내야 했기
때문이었다. 더구나 모임을 결성하면 만나는 장소도 문제였다.

　그러던 와중에 1년을 사이에 두고 아버지와 어머니가 돌아가셨
고, 부고를 듣고 연거푸 충주까지 문상을 온 지인들을 중심으로 모
임이 결성되었다. 장례식을 마치고 서울에 올라온 내게 어떤 사람
이 사례연구회를 만들어 지도해 달라고 요청한 것이다. 저 멀리 지
방까지 문상을 오느라 수고했던 사람들에게 고마운 심정으로 기꺼
이 그렇게 하겠다고 약속했는데, 훗날 물어보니 모든 것이 철쭉님

이 뒤에서 계획하고 진행시킨 일이었다. 내가 한국에서 박사학위를 취득한 사람이 아니기 때문에 학맥이 취약할 수 있다며 울타리 역할을 해주는 조직을 만들어주겠다는 철쭉님의 속 깊은 배려였다.

1998년 심연회(心淵會)라는 이름으로 사례연구회 모임이 만들어졌다. 25명 남짓의 사람들이 모여 발족했고, 그 자리에는 철쭉님도 참석해 앞으로 심연회가 학술대회를 개최한다든가 저명한 사람을 모셔와 공부한다든가 하는 여러 가지 일들을 기획할 수 있다고 회원들을 한껏 고무시켰다.

그 이후로 나는 심연회 회원들의 발전을 위해 최선을 다하고 있고, 심연회 회원들 또한 나의 든든한 울타리가 되어주고 있다.

상담심리학회와의 갈등

상담심리학회의 사례 발표에서 내 차례가 왔을 때였다. 사람들에게는 그야말로 초미의 관심사였다. 그동안 다른 사람들의 사례에 대해 숱한 잔소리를 퍼부었던 내가 얼마나 잘하는지 보자는 생각이었을 것이다. 나를 공박(攻駁)할 수 있는 절호의 기회를 맞았다고 생각한 사람도 있었을 것이라 믿는다.

이런 분위기를 감지한 나는 밋밋한 사례가 아니라 오히려 논란의 여지가 있는 사례를 준비했다. 아무래도 격렬한 내용의 사례가 훨씬 재미있을 것 같았다. 그리하여 성(性) 문제로 고심하는 종교인의 사례를 사례위원회에 보냈다.

내 사례가 각 분회로 발송된 뒤, 자칫하면 종교단체의 반발을 살

우려가 있다는 일부 의견에 따라 사례를 폐기 처분하라는 지시가 각 분회로 내려졌다. 발표자인 나에게는 알리지 않은 채 조치가 취해진 탓에 뒤늦게 이 사실을 통보받은 나는 발끈했다.

학회와 나는 대립각을 세우며 싸웠다. 운영하는 측에서는 공개적으로 논의하기에는 너무 민감한 내용이라 그렇게 했다고 주장했고, 나는 처리 과정이 합당치 못했다며 반박했다. 게다가 사례에서 특정 종교를 밝힌 것이 아니라 그냥 종교인이라고만 지칭했기 때문에 종교단체에서 반발을 하더라도 학회 차원에서 발표자를 보호해야 하는 것이 합당한데 오히려 그 반대였다고 맞섰다.

그러자 학회에서는 당일의 사례발표회를 없앴으니 나에게 오지 말라고 통보했다. 그럼에도 불구하고 나는 못갈 이유가 없다며 발표회에 나가 그 시간에 대안으로 특강하러 온 인물과 대립각을 세워가며 논쟁했다. 그러다가 정점에 이른 어느 순간 나는 한 가지 사실을 깨닫고 멈춰버렸다. 더 이상 끌었다가는 대외적으로 상호 흠집만 날 뿐이라는 사실이었다.

그런 소란이 있고 2~3년 후 나는 또다시 발표할 차례를 맞이했다. 나는 여전히 상담자의 현실적인 안목을 필요로 하는 다소 격렬한 사례를 내놓았다.

사례의 내담자는 대학원 진학 문제로 남편과 갈등하는 부인이었다. 내담자의 호소를 듣고 나는 그녀가 남편과의 불화 때문에 대학원에 가려 한다고 여겼고, 불화는 빈약한 혼수에서 기인하는 것이라고 파악했다. 친정 부모가 의사 사위를 맞이하며 인색하게 굴었던 것이 문제가 되었으니 남편의 마음을 풀어주도록 하라고 조언했다. 그러자 내담자는 사회적으로 과대한 혼수는 지양하자는 마당인데 상담자가 어찌 그런 말을 할 수 있느냐며 반발했고, 나는 그런 내담자에게 중매로 결혼하면서 의사만 찾았던 건 욕심 아니냐고 반박했다. 남편이 봉급쟁이로 근무하다 돈을 모아 병원을 차렸지만 운영이 어려워 날카로워지고 있으니, 이때라도 친정의 도움을 받아 남편을 돕는 것이 좋겠다고까지 했다.

각 분회에 배포된 이 사례에 대해 사람들은 "이것도 상담이냐"며 난리를 쳤다. 상담자가 우리 사회의 악습인 과도한 혼수를 근절은 못할 망정 부추기고 있느냐, 게다가 결혼한 지 10년이나 된 사람에게 결혼식 때 못 받은 혼수비용을 이때라도 끌어다 남편을 도우라니 그게 무슨 말이냐고 아우성이었다. 일부에서는 사례발표회에서 혹독하게 따지겠다고 별렀다.

이러한 기미를 감지한 나는 만반의 준비를 했고, 이때 이미 50명이 넘어선 심연회 식구들도 내가 봉변을 당할 경우를 대비해 자기네들도 맞서겠다고 나섰다.

대강당에 사람들이 꽉 들어차고 열띤 토론회가 열렸다. 토론자들은 준비해 온 날카로운 질문들을 던졌고, 나 역시 예상했던 질문들에 지체 없이 대답했다. 단상에서의 토론이 끝나자 청중석에서도 매서운 질문들을 던졌다. 화끈한 지적을 가하고자 했지만 일일이 반박을 해버리니까 그야말로 양쪽은 팽팽하기 그지없었다.

내게 쏟아진 질문의 요지는 상담자인 내가 내담자의 입장을 충분히 공감하거나 이해하지 않고 오히려 내가 방향을 잡고 끌고 갔다는 것이다. 반면에 나는 혼수에 대한 풍조를 지지하자는 것이 아니라, 내담자는 소위 '사'자 붙은 전문인에게 시집가기 위해 노력했으면서 그 당시의 흐름을 무시했다고 했다. 그 때문에 고통을 겪었고, 부부 사이에 갈등이 생기자 내담자는 더욱 대학원에 진학하는 문제에 매달렸던 것이라고 대꾸했다. 상담을 원론적인 관점에서만 바라볼 것이 아니라 현실적인 관점에서 바라볼 필요가 있다며, 특히 상담은 이론 분야가 아니고 응용 분야이기 때문에 우리가 현실의 흐름을 따라가는 것이 자연스럽지 현실이 우리를 따라오도록 하기는 어렵다고 주장했다.

양쪽의 팽팽한 논쟁이 지속되는 가운데 시간이 다 되었다고 사회자가 종료를 유도하려고 들자, 누군가가 마지막으로 한마디 묻겠다며 나의 상담 접근이 무엇에 근거한 것인지 간단히 일러 달라고 요청했다. 나는 실재하는 우리의 풍토나 문화에 입각해 상담을 하고자 한다고 대답했다.

외국에 있다가 어느 대학교에 초빙교수로 잠시 재직하던 어느 교수는 후에 내게 메일을 보내, 상담자가 내담자에게 이래라저래라 지시나 설득을 하는 것은 상담이 아니라면서 자기네 대학원생들이 상담을 해도 나보다는 잘할 것이라며 힐난하기도 했다. 토론장에서 끝까지 따지지 못했던 것이 못내 아쉬웠던 모양이다. 그다지 아랑곳하지 않았지만 나는 이 시점에 즈음하여 나의 상담 접근이 어디에 근거한 것인지에 대한 이론을 정립할 필요가 있음을 느꼈다. 나의 상담 방식을 합당하게 정립하면서도 나아가 상담의 현실화를 모색하는 길이 될 것이기 때문이다.

한국적인 심리상담의 태동

지금까지 한국의 심리상담계는 인간을 믿고 공감과 지지를 바탕으로 내담자를 대하는 로저스의 인간중심상담이 주류를 이루고 있었다. 상담자가 개입해 방향을 끌고 가서는 안 된다며 나를 못마땅하게 생각했던 사람들은 대체로 로저스의 인간중심상담에 기반을 둔 상담을 진행하는 분들이었다.

어느덧 나는 기존의 상담자들과는 차별화된 상담을 실시하게 되었는데, 그렇다고 해서 내가 인간중심상담이 중시하는 공감과 지지를 반대하는 입장인 것은 아니다. 나 역시 인간을 믿고 공감과 지지로 라포를 형성하는 인간중심상담의 기법을 존중하고 있다. 다만 내담자는 자신을 이해하면 스스로 알아서 변화한다는 점에 의문을 품은 것뿐이다.

지금 한국의 상담 환경에서는 병증이 드러난 환자나 환자와 일반인의 경계에 있는 사람이 아니라 일반인에 대한 단기상담이 주류가 되어 있다. 여러 가지 사회 환경의 변화로 인해 사람들은 점점 관계 맺음을 어려워하게 되었기 때문이다. 지금의 젊은이들 중에는 대학교 수강 신청을 어려워해서 엄마가 대신 해주는 경우는 물론, 직업인이 된 자녀의 회사에 전화해 "우리 아이가 요새 왜 이렇게 야근이 잦은가요?"라고 묻는 경우도 있다. 병증을 가진 환자의 모습이 아니라 모두 우리 주변에서 흔히 볼 수 있는 일반인의 모습들이다.

내담자 입장에서는 모든 것이 타당하다는 관점 아래 공감에 주력하거나 근원적인 갈등을 분석하는 데에 만족하지 않는다. 좀 더 실질적인 것을 기대하는 내담자에게 현실적인 해법이나 방향 제시를 서슴지 않는 방식으로 상담을 펼치게 된 것은 필연적인 결과라고 할 수 있다.

자기계발서가 폭발적으로 유행하던 2000년대에는 자기계발 강의를 '강의 쇼핑'하듯이 들으러 다니는 사람들이 있었다. 또 2010년대에 들어서 심리상담이 일반화되기 시작하자, 이 또한 '상담 쇼핑'하듯이 상담자를 바꿔가며 돌아다니는 사람들이 생겨났다. 그중에는 마치 결코 변화할 생각이 없는 사람처럼 보이는 이들도 있다. 그러한 까닭에 상담자가 문제 해법에 대해 한두 번 말을 해도 내담자가 딴청을 피우거나 못 알아들으면 '직면'을 시켜서라도 전진하도록 압박을 가해야 하는 이유가 있는 것이다.

다른 상담자들 중에는 내담자를 야단치는 듯한 그런 것은 상담이 아니라 훈육에 불과하다며 나를 비주류로 취급하려는 사람도 있었다. 아마도 내가 현직 교수가 아니었다면 그런 반발을 견뎌내기 어려웠을지도 모른다. 하지만 내담자들은 실질적인 도움을 원하고 있는데 상담자인 내가 안이하게 응대하는 것은 바람직하지 않다고 여겼다. 상담 실무가 이뤄지는 현장에 그 어떤 교수보다 깊숙이 발을 담그고 있던 나는 내담자가 무엇을 원하는지 피부로 느껴왔다. 나는 기존의 전통적인 상담 방식에 안주하고 싶지 않았다.

최근에는 사람들도 상담을 병증에 대한 치료법이라 여기기보다 일종의 자문기구로 생각해서 필요할 때마다 조언이나 도움을 받고 싶어한다. 이제 상담을 받는 사람들은 환자에 가까운 사람들이라기보다 일반인으로서 일시적인 어려움을 겪는 사람들이다. 뿐만 아니라 종교에 심취하기 어려워 하는 사람들은 상담을 통해 그때 그때 필요한 도움을 얻고자 했다.

돌이켜보니 의도적으로 그랬던 것은 아니지만 나는 기존의 주요 상담 접근법들을 두루두루 섭렵하는 과정을 거쳤다. 일찍이 외국인 신부를 만나 인간중심상담을 접하고 심리학 공부를 시작했으며, 대학원에 입학해서는 교육분석 덕분에 일찍이 정신분석에 노출됐고, 단기상담의 필요성을 느끼고 유학을 떠나 인지행동치료를 배웠다. 이러한 것에 기초해 나름 해왔던 상담 방식을 나는 '현실역동상담' 이라고 이름 붙이고 그 틀을 다음과 같이 정리했다.

상담에서 상담자는 우선적으로 문제의 뿌리를 제대로 파악하되, 뿌리에 역점을 두기보다는 내담자가 '지금 여기'라는 현실에서 힘들어하는 당면문제를 해결하는 것에 최우선을 두어야 한다. 이런 상담을 하려면 정신역동적 관점의 원인을 분석하는 능력, 그리고 현실을 두루두루 살피며 가장 적절한 해법이 무엇인지 모색해 내는 안목을 겸비해야 한다. 그리고 상담자는 좀 더 능동적으로 때로는 어른으로서 내담자를 이끌어주어야 한다.

현실역동상담에서는 심리 내적인 흐름에 대한 예민한 분석과 아울러 외부 현실에 대한 포괄적인 이해를 필요로 한다. 우리가 발을 딛고 있는 현실은 참으로 무수한 요인들이 복합적으로 작용해 그 무엇보다 역동적이다. 이런 현실에서 무난히 살아가기 위해서는 순간순간 역동적으로 변화하는 흐름을 잘 볼 수 있어야 한다.

여전히 상담계 사람들 중에는 상담에서 가장 중요한 점은 내담자가 자율성이나 독립성을 키우도록 돕는 것인데, 상담자가 조언이나 직언을 할 경우 내담자의 의존성을 조장하는 것 아니냐고 반박하는 사람이 있다. 증상이란 억압의 결과이기 때문에 상담자가 무비판적인 수용이나 중립성을 보여야 그러한 억압을 풀 수 있다는 것이다.

물론 상당 부분 상담은 그렇게 해야 하는 것이 맞기도 하다. 하지만 모든 내담자들이 어찌할 수 없는 억압에 기인한 부적응의 문제를 가지고 있는 것은 아니다. 오히려 많은 사람들이 잘 몰라서 또는 용기 부족으로 인한 어려움에 처해 있다.

한국인에게는 한국인의 문화를 기반으로

내가 현실역동상담의 내용을 주장할 수 있었던 근거에는 문화 변인이 있다. 우리 문화권에서는 개인주의 사회에서처럼 자율이나 독립을 최상의 가치로 삼는 것이 아니라, 공동체의식을 강조한 나머지 더불어 살아가는 데 필요한 화합이나 역할 등을 중시한다. 그렇기 때문에 상담자는 내담자에게 합당한 것을 일러주는 어른으로서 기능할 수 있어야 한다고 했던 것이다. 더욱이 우리 사회에는 어른을 존중하는 문화가 퍼져 있기 때문에 내담자는 상담자에게서 어른의 모습을 기대하는 경향을 보인다. 이런 기대에 부응하지 않으면 많은 내담자들이 자신을 존중하며 기다리는 상담자를 싫어하지는 않겠지만, 결국엔 원하는 걸 얻기 위해, 즉 조언이나 지침을 바라며 점집에라도 가고 만다.

나는 유학 당시 내담자가 백인 주류가 아닌 소수민족일 때 기존의 주요 상담 이론에 기초한 상담을 실시하면 상담 성과를 기대하기 어렵다는 주장을 접했다. 기존의 유력한 상담 이론들이 백인 중산층의 사람들을 기준으로 만들어진 것들이기 때문이다. 내담자의 문화에 익숙한 상담자가 상담을 하는 것이 바람직하다는 취지에서 크로스 컬처 카운슬링(cross-culture counseling)이라는 과목이 개설되기도 했다.

나는 그 당시에는 문화의 중요성을 잘 알지 못했고, 학위를 마치고 곧바로 한국으로 돌아가고자 했기 때문에 그런 공부가 필요하지 않다고 여겼다. 그러나 막상 한국에 돌아와 상담을 하다 보니 서양에서 배운 상담 이론으로는 뭔가 잘 맞지 않았고, 그것은 다름 아닌 문화 차이 때문이라는 것을 깨달은 것이다. 중립적으로 이야기하는 나의 발언보다 철쭉님의 강력한 직언이나 직면이 사람들에게 수용되는 것도 서열 문화에 길들여진 한국의 풍토 때문이지 않을까 생각한다. 우리 사회에서는 쓴소리라도 그것이 합당하다면 기꺼이 고개를 숙이려고 하는 게 사실이지 않은가.

그렇다고 우리 문화니까 덮어놓고 존중하며 따라야 한다는 것은 아니다. 물도 고이면 썩는다고 우리 문화에도 개인보다 집단을 강조한 나머지 개개인의 권익을 소홀히 한 부분이 많다. 그렇기 때문에 우리 문화권에서 요구되는 가치가 어떤 것인지 잘 살피며 어느 정도 따라주되, 개개인이 희생당하지 않도록 자기 목소리를 낼 줄은 알아야 한다. 주위 사람들과 조화를 이루면서도 불이익을 받지 않도록 조심해야 하는데, 바로 이 부분을 상담자가 잘 살펴서 이끌어줘야 한다는 것이다.

문화에 주목하고 보니 이건 엄청난 보물창고였다. 학교에서 배웠던 대로 상담했을 경우, 왜 후반에 가서는 지지부진해지는지 그 이유를 새록새록 알게 되었다. 오히려 우리나라의 수많은 상담자들은 어쩌자고 그토록 문화 요인에 대해 무심한지 의아할 정도였다. 아마도 상담학이 심리학의 한 분과로 들어가 있기 때문에 그런 현상이 벌어지지 않았겠나 싶기도 하다.

심리학이 철학에서 분파되어 나왔던 것은 인간을 과학적으로 연구하자는 취지에서였다. 그리하여 심리학은 과학화를 이루기 위해 측정 가능한 것만 연구 주제로 삼았고, 심리학은 보편적 원리를 발견하는 데 급급했지 개별적 차이에 대해서는 그다지 관심을 두지 않았다. 그러다 보니 상담에서도 인간에 대한 보편적 원리를 중시하자는 움직임이 생겨났다.

문화 변인에 눈을 뜨면서부터 나는 기존의 유수한 상담 이론들이 서양 사회의 백인 중산층을 중심으로 개발됐다는 사실에 주목했다. 우리가 받아들인 대부분의 상담 이론들은 WASP(White Anglo-Saxon

Protestant)에 기초해 만들어진 것들이다. 그렇기 때문에 그러한 상담 이론들에 내포된 가치나 기준들은 모든 지역의 사람들에게 적용할 수 있는 문화보편적인 요소들로 구성된 것이 아니다. 백인들의 문화특수성이 들어가 있기 때문에 상담 성과를 높이기 위해서는 기존의 상담 이론들에 녹아 있는 서양인의 문화특수적인 요인들을 가려내고, 거기에 우리의 문화특수적인 것을 포함시켜야 한다고 보았다.

이렇게 현실역동상담의 이론 틀을 정비하는 와중에도 나는 현실 물정 모르는 자신의 모습에 다시 한 번 눈을 뜨기도 했다.

그 사이 나는 심연회 회원들이 모여서 공부할 수 있는 널찍한 공간을 확보하기 위해 '극동상담심리연구원'이라는 이름으로 영등포에 상담소 공간을 마련해 오픈했다. 그러다가 교육이나 상담을 실시하기에는 적합한 지역이 아니라는 판단 아래 5호선 오목교 전철역과 맞닿아 있는 목동으로 이전을 했다. 그런데 또 얼마 되지 않아 건물주가 예식장으로 용도를 변경해 쓰겠다며 이사해 줄 것을 요청했다. 부득이하게 다른 곳으로 또다시 이전을 하게 되었는데, 입주할 때 현금으로 주었던 계약금을 건물주는 어음으로 돌려주겠다고 하는 것이었다. 그런 경우가 어디 있느냐고 항의했지만, 돈이 없어서 그런다며 막무가내였다.

철쭉님에게 이 사실을 알리자, 철쭉님은 그쪽에다 거칠게 욕을 하며 그렇다면 우리의 짐을 도로 집어넣겠다고 했다. 그제서야 건물주는 까딱하다가는 공사를 할 수 없겠다 생각했는지 얼른 수표를 내놓았다. 내가 너무 어이없어하자, 철쭉님은 웃음을 터뜨리며 그들이 나쁘기는 하지만 사회가 그런 줄 알라고 했다. 아직도 많은 사람들이 여자라고 하면 일단 얕잡아보는 경향이 있어 내가 아무리 교수라도 그렇게 후려친단다.

한국적 심리상담 모형을 만들어가다

심연회가 만들어지고 얼마 지나지 않아 내가 상담심리학회와 마찰을 빚는 것을 지켜보던 철쭉님은 내게 학술대회를 개최하는 게 어떻겠냐고 말했다. 상담계 내부에서 나의 상담 방식에 대해 반감이 그토록 크다면 차라리 외곽에서부터 호응이 일어나도록 운동을 펼치는 것도 한 방법이라는 것이다. 나는 엄두가 나질 않아 주춤거렸는데, 철쭉님은 매년 한 차례씩 학술세미나를 개최하는 것이 뭐 그리 어렵겠느냐며 처음 시작하는 게 어렵지 한 번 해보면 할 수 있다고 했다. 그리고 기왕이면 학교 강당을 빌려 학생들을 대상으로 하는 짓은 그만두고 일급호텔을 빌려서 하자고 했다. 철쭉님의 계획이 너무 거창해 보여 내가 대꾸하지 않자 그분은 나를 그냥 물끄러미 바라보았다.

몇 개월 후 철쭉님이 자신의 거주지인 부산으로 심연회 회원들 전원을 초대했다. 싱싱한 회를 사줄 테니 놀러와서 하룻밤 자고 가라는 것이었다. 그리고 나에게는 근래에 쓴 '한국적 심리상담의 필요성에 대한 논문'을 잘 다듬어 그날 저녁에 회원들에게 발표를 하라고 했다. 어쨌든 학술모임이니까 사례 대신 논문으로 공부하자는 것이었다.

회원들에게는 청바지 차림으로 오지 말고 단정하게 입고 오라고 지시를 내렸다. 영문을 잘 모르는 우리들은 별걸 다 주문하는 철쭉 님이라며 웃었다. 당부대로 어느 정도 차려입고 나선 40명이 넘는 회원들은 비행기를 타고 부산으로 내려갔다. 공항에는 호텔버스가 대기하고 있었고 우리를 태우고 호텔로 갔는데, 거기에는 심연회 이름으로 개최되는 학술대회 현수막이 걸려 있었다. 당일 일찍 내려간 한두 명이 분주히 움직이고 있었는데, 깜짝 파티가 우리를 기다리고 있었다.

회원들은 놀란 나머지 벙벙해 있다가 곧 일사분란하게 움직여 준비를 마쳤고, 부산 지역 상담 관련 종사자들이 속속 모여들었다. 나는 얼떨결에 발표를 했고, 그날은 지정토론자도 없이 곧바로 참석자들과 질의응답을 하며 열띤 토론을 벌였다.

졸지에 첫 학술대회를 치른 나와 심연회 회원들은 그날 저녁, 앞으로 뭐든 할 수 있다는 자신감으로 고무돼 있었다. 내가 좀처럼 움직이려고 하지 않자, 철쭉님은 그런 식으로라도 진행을 밀어붙여 뭐든 겁낼 것 없이 할 수 있다는 자신감을 불어넣어준 것이다.

이후 학술대회는 서울, 광주, 대전, 대구, 제주, 인천, 춘천 순으로 전국 팔도에서 열렸다. 전국을 순회하며 8년에 걸쳐 매년 학술대회를 개최했고 심연회 회원들은 한국적 상담 모형을 다듬어 간다는 자긍심을 함께 가졌다. 게다가 외부에서는 매년 행사를 거뜬하고도 맵시 있게 치러내는 우리를 신기해했다. 그도 그럴 것이 각 지역 호텔의 대형 연회장에 적게는 200명, 많게는 500명이나 되는 인원을 초대해서 식사 대접까지 해가며 학술대회를 여니, 우리 스스로 생각해도 보통 일은 아니었다.

게다가 그 많은 초대 손님을 모시는데도 초대장을 발급하고 참석 여부를 철저히 확인하는 과정을 거쳤기 때문에 예상인원은 오차가 10명 내외뿐이었다. 또 예행연습을 5~6차례 했기 때문에 청중들이 어떤 질문을 던져도 그야말로 척척 대꾸했고, 참석자들은 깊은 감명을 받았다며 찬사를 아끼지 않았다.

8년에 걸친 전국 대도시 학술대회를 성공리에 마치고, 나는 현실역동상담에 대한 이론서를 써내기로 했다. 그동안 한국적 상담의 필요성에 대해서는 웬만큼 알린 셈이니 책으로 결실을 맺고자 했던 것이다. 처음에는 이론 중심의 교과서를 구상했지만 제자리에서 맴도느라 쓰지 못하고 있었는데, 어느 날 철쭉님이 새로운 제안을 던졌다. 나의 강점은 어디까지나 상담 실제가 아니냐며 개념적인 이론으로 접근하기보다 사례 중심으로 현실역동상담을 소개하는 게 어떠냐는 의견이었다. 눈이 번쩍 뜨이는 제안이었다.

사례 이야기를 중심으로 책을 써내려가는 동안 나는 어느 때보다 신났다. 직접 경험한 내용을 한 줄씩 써내려간다는 것이 그렇게 즐거운 일이라는 사실에 새삼스러울 정도였다. 기억 속에 저장되어 있는 무수히 많은 내담자들을 끄집어내다 보니 100개가 넘는 사례가 나왔는데, 책이 너무 두꺼워질 것을 감안해 70개 이야기로 추려 『한국인의 심리상담 이야기』를 출간했다.

이 책에서는 문화의 중요성, 동양문화와 서양문화의 비교, 한국문화와 한국인의 특성, 한국 문화와 기존 상담 이론의 배치되는 측면을 언급하고 있다. 아울러 현실역동상담의 인간관, 기본 골격, 상담 방법, 상담 기술 등을 서술했는데 돌이켜보면 이론서로서는 엉성한 면이 많아 부끄럽다. 다행인 것은 회원들이 읽어보고 학지사에서 나온 책을 2~3일 만에 그렇게 후딱 읽어보기는 처음이라며, 사례 이야기가 어찌나 흥미진진하던지 이를 닦는 시간도 아까웠다고 말하는 사람도 있었다.

맹점을 줄여주는 집단상담

내가 상담을 처음 접하게 된 것은 미국인 신부가 이끄는 집단상담을 통해서였다. 그런 연유에서인지 나는 개인상담을 많이 하는 편이긴 하나 집단상담을 할 때 가장 신난다. 여러 사람들이 모이는 집단에서는 다양성으로 인해 역동이 크게 일어나는 만큼 변화무쌍하고 감동을 크게 주기 때문이다.

더구나 철쭉님과 함께 작업을 하게 되면서부터 힘도 덜 들고 박진감 있게 집단상담을 진행할 수 있었다. 어떤 사람은 그래도 명색이 상담인데 그렇게 직설적으로 말해도 되느냐며 불만을 갖기도 했다. 반면에 오히려 해결하고 싶은 문제 그 자체를 다뤄준다며 반가워하는 사람들도 많았다.

나는 상담에서 사람들이 호소하는 현안 문제를 다뤄주는 동시에 그 사람의 비언어적인 특성을 나타내는 과정(process)도 함께 다뤄

쥐야 한다고 여긴다. 하지만 어찌 된 일인지 많은 상담자들이 문제의 내용은 옆으로 제쳐두고 그 사람의 심정과 과정에 대해서만 집중하는 경향을 보인다. 본인의 문제는 스스로 알아서 하라는 것인데, 이런 현상은 상담자가 문제의 사안을 다룰 만한 자신이 없기 때문은 아닌지 돌아볼 일이다.

나는 개인상담을 실시하듯 집단상담을 운영하는 것에 대해 안타깝게 여기며 집단상담만이 지닌 특성을 최대한으로 활용하자고 주장한다. 여러 사람이 모여 작업하는 것이 흔한 일이 아닌데, 그런 기회를 언제든지 할 수 있는 개인상담처럼 운영한다면 아깝기 때문이다.

이런 관점에서 나는 집단상담에서만큼은 무조건적인 지지나 공감적인 태도를 내비치기보다 대상에 대해 솔직한 태도를 보이라고 강조한다. 굳이 수용적인 감정언어로 전환시키려 애쓸 것 없이 그것이 느낌이든 생각이든 심지어 판단이든 오픈하라고 강조한다. 그렇게 해야 집단원들은 자신이 다른 사람에게 어떻게 비치고 있는지 알게 된다고. 그런 후에야 변화에 대한 의지를 스스로 가질 수 있다.

물론 개인상담에서든 집단상담에서든 안전하다고 느낄 정도의 분위기가 돼야 자신을 개방하려 할 것이다. 그렇지만 수용적인 분위기에만 치우치면 사람들이 자신을 직시하거나 성찰할 기회는 줄어든다. 이때 집단상담자는 어느 한쪽으로 치우치지 않도록 중심을 잡는 게 관건이다.

현실역동 집단상담에는 사람들이 무섭다고 아우성치면서도 5박 6일씩 진행하는 마라톤 식 집단상담에 많이들 참석했다. 1993년부터 방학 때마다 2~3회씩 오늘날까지 꾸준히 개최할 수 있었던 것은 그래도 사람들이 이곳에서 특색으로 삼고 있는 솔직한 피드백에 대해 신뢰하기 때문이라고 생각한다.

1997년 IMF 경제위기를 맞이해 우리나라의 경기가 급속도로 위축되었을 때의 일이다. 연수원에 예약된 각종 교육이나 집단상담 등이 거의 다 취소됐는데, 극동상담심리연구원에서 예약한 집단상담만은 취소가 없었다. 이것을 궁금하게 여긴 연수원 사람들은 대체 저들은 무엇을 어떻게 하기에 그 불황에도 꾸준한지 알아봐야겠다고 자기네들끼리 토의했다고 한다.

현실역동 집단상담에는 비교적 일반인이 많이 온다. 사람들은 이미 그저 경청훈련이나 공감훈련 또는 자기이해나 타인이해 정도에만 그치는 것이 아니라, 이곳에서 나름의 해결방안을 얻어온다는 인식을 하고 있다. 특히 상담을 공부하는 사람들 사이에는 무섭다고 소문난 이곳을 언젠가 한 번은 꼭 가봐야 한다는 말이 돈다고 한다.

현실역동 집단상담이 어찌하여 그토록 무서운 곳으로 비치고 있는지 살펴보면, 강조점의 차이 때문으로 보인다. 다른 곳에서 열리는 집단상담에서는 가급적 수용적 분위기를 조성하여, 참여자가 조해리(Johari) 창에서 비밀 영역에 해당되는 자신의 치부나 상처를 개방하도록 한다. 하지만 현실역동 집단상담에서는 솔직한 피드백을 통해 맹점 영역을 줄여주는 데 역점을 두는 편이다. 자신이 다른 사람들에게 어떻게 비치고 있는지 알 수 있도록 과감하게 거울 역할을 하도록 촉구하는 것이다. 상대방에게 말할 때 굳이 '나-전달법'

과 같은 감정 표현으로 하려고 애쓰지 않아도 된다. 감정이든 생각이든 심지어 평가든 솔직하게 말하는 것을 강조한다.

개인상담에서는 내담자가 가급적 억압이라는 방어기제를 풀고 자유롭게 살도록 도움을 주도록 한다. 다시 말해, 내담자가 방어를 하는 데 쓰이는 에너지를 실생활에서 쓰도록 전환시켜 주기 위해 상담자는 공감적이고 지지적인 수용의 분위기를 취하는 편이다. 이런 형태를 집단상담으로까지 확대해도 해로울 것은 없지만, 자칫하면 다수가 모인 집단상담의 특성상 보안이 어렵기 때문에 개개인의 치부를 너무 드러낼 위험이 있어 그리 바람직하지 않다.

우리가 적응적인 삶을 산다고 하는 것은 더불어 사는 태도로 주위 사람들과 조화로운 관계를 맺는 것이라고 본다. 더불어 살아가는 몸짓을 익히기 위해서는 우선적으로 자신의 주체성을 확립하지 않으면 안 된다. 그런 까닭에 현실역동 집단상담에서는 다른 무엇보다 자신의 목소리를 내도록 하는 것을 목표로 한다. 나아가 다른 사람들에게 관심을 갖고 적극적으로 거울 역할, 즉 솔직한 피드백을 하도록 한다. 이 과정에서 자기중심성이나 타인중심성을 넘어 서로 어우러지는 고도의 대화중심적인 기술을 익혀야 한다고 보는 것이다. 나아가 현실역동 집단상담에서는 개인의 특성을 의미하는 과정에 대한 언급 이상으로 각자가 가지고 온 당면한 현안(content) 자체를 해결할 수 있도록 다루는 편이다. 이런 면에서 나는 주로 심리분석에 역점을 두는 편이고, 철쭉님은 비교적 현실적인 방안을 모색하는 데 열중한다.

종교인에게도 심리치료는 필요하다

일반인들 입장에서는 의아한 생각이 들 수도 있겠지만, 나는 평소 성직자와 수도자들을 많이 상담하고 있는 편이다. 이들을 상담할 때 나는 각별히 집중한다. 현실에서 어려움을 겪는다 할지라도 그들은 현실적인 적응, 즉 원만한 인간관계를 궁극적인 목표로 한다기보다 내적 성장을 추구하기 때문이다. 일반인을 상담할 때는 충분히 표현하도록 유도해서 정화되도록 하고 공감을 통해 내적인 응어리를 풀도록 하지만, 이분들은 그 이상의 의미나 가치를 일깨워줘야 상담이 완결되는 듯했다. 그래서인지 나는 심리치료가 끝나는 데에서 다시 이어지는 그 무언가를 필요로 하곤 했다. 좀 더 자유롭고, 그래서 좀 더 편안해지는 그 무언가를 찾아다니게 되었다.

한때 불교를 향해 기웃거린 적도 있는데, 한번은 어느 교수에게 남방불교에 기초한 『팔정도』라는 책을 선물로 받았다. 저자는 출가전에 철학으로 학위를 취득한 사람이어서 그랬는지 글이 논리 정연했고 깔끔했다. 그 책을 반복해서 읽는 동안 나는 불교에서 삶을 고(苦)라고 설파할 때는 '좀 더 잘 사는 방법을 일러주기 위해서'라는 생각을 했다. 그리고 불교에서 잘 사는 것을 '탐욕과 성냄, 그리고 어리석음을 벗어난 자유로움'이라고 여기는 것을 보고 불교를 심리치료의 확장으로 여기게 되었다.

한 가지 재미있는 사실은 상담의 연장선상에서 불교를 맞이하고 가까이 하면서 그리스도교의 가치에 눈을 뜨기 시작했다는 것이다. 불교는 자신의 힘으로 자신을 구원하는 것이라서 너무 어렵고 귀족적이다. 이에 반해 가톨릭교나 기독교는 계시종교로서 신의 권능을 믿고 마음을 비우면, 즉 모든 것을 그분에게 맡기고 의지하면 된다는 것이다. 이후부터는 상담을 하면서 너무 힘들어하는 내담자를 만나면 어떤 종교를 믿느냐고 묻고 본인이 믿는 종교의 가르침에 따르라고 하게 되었다. 신에게 의지해 마음을 비우든지, 아니면 가르침에 입각해 눈을 크게 뜨라고 한다.

그런데 너무 다급한 사람들에게는 점진적 접근법인 상담보다 종교적인 것이 훨씬 빠르게 안정을 주는 것 같다. 또 정신적인 가치나 향상을 추구하는 사람들에게도 종교적 인도가 좀 더 효과적이라는 점을 발견한다. 상담에 대한 확장의 가능성을 보는 것이다.

동시에 이와는 반대로 현대인들의 특징 중 하나는 이전의 사람들처럼 진지하게 종교를 믿지 않고, 현세에서 잘 사는 것에 큰 비중을 둔다는 사실이다. 이러한 사람들은 상담자를 통해 그때 그때 도움을 받고자 한다. 상담자의 역할이 점점 커지고 있다는 것이다.

요즘 나는 많은 가능성 앞에서 두근거리고 있다. 그동안 상담교수로 지내며 좀 더 나은 상담의 이론과 실제에 관심을 쏟으며 살았다면, 퇴임을 앞두고서는 상담의 확장 가능성을 꿈꾸며 소설을 쓴다거나 수행을 해보겠다는 꿈에 부풀어 있으니 말이다.

돌이켜 보면 여한 없이 살아왔던 것 같다. 이렇게 살 수 있었던 것은 내가 필요로 하는 것들을, 그 이상으로 퍼부어 주었던 분들이 있었던 덕분이다. 탁월하지는 않아도 한 번 마음을 내면 꾸준한 나의 특성에 대해서도 이제는 장점으로서 고개를 끄덕일 수 있다.

집단상담이 변화시킨
변호사의 삶과 미래

법무법인 산하 오민석 대표변호사

사법연수원 2년차, 사회 진출을 고민하던 시절 장성숙 교수님을 알게 되었습니다. 사람과의 다툼이 어렵고 소통에 능숙하지 못할 때였습니다. 기가 센 사람에겐 하고 싶은 말을 잘 못했고, 약한 사람에겐 맘이 약해 양보만 거듭했던, 이래저래 손해 보는 인생이었습니다.

2001년 여름 장성숙 교수님 손에 이끌려 집단상담에 참여했고, 현실역동상담을 처음 접했습니다. 5박 6일 동안 "당신 같은 사람이 무슨 변호사 일을 하겠냐"는 참가자들의 질책이 이어졌습니다. 회피하고 저항했지만 결국 현실을 직시하는 소중한 경험을 했습니다. 좋은 것은 좋다, 싫은 것은 싫다는 말도 할 줄 모르는 사람이 변호사라니요. 많은 것을 깨달았습니다.

하지만 아는 것과 행동하는 것은 많이 달랐습니다. 이미 한 가정의 가장이었던 저는 2002년 사법연수원을 수료함과 동시에 변호사로 개업했습니다. 빚을 얻어 사무실을 열었는데, 고객이 없었습니다. 어쩌다 찾아오는 고객으로부터 작은 사건을 맡기 시작했는데, 경험 부족에서 오는 어려움은 그렇다 치고 고객들에게 시달리기 시작했습니다.

그나마 어렵게 온 고객이 달아날까 봐, 변호사는 원래 의뢰인에게 최선의 노력을 다해야 하니까, 의뢰인과 돈 문제로 다투는 것은 변호사의 품위에 어긋나니까 등등 스스로에게 여러 핑계거리를 대며 업무 범위를 벗어나는 일도 하고, 외상사건을 하기도 했으며, 수임료를 떼이기도 했습니다. 그러자 사무실 운영이 어려워진 데다가 변호사로서의 삶에도 회의를 느끼고 우울해졌습니다.

그럴수록 제 인생의 마지막 끈이다 싶어 틈나는 대로 집단상담을 찾았고, 교수님의 가르침을 받았습니다. 집단상담에서 망설이면서도 용기를 짜내어 여러 가지 시도들을 했습니다. 남이 듣기 싫은 말, 내 감정을 실은 말을 하는 연습을 했습니다. 처음에는 가슴이 쿵쾅거리고 얼굴이 화끈거렸습니다. 어렵게 가까스로 싫은 소리를 한 뒤 휴식시간에는 그 상대방을 대하는 게 어색했습니다. 하지만 변화하지 않으면 안 될 상황에 처해 있었고 변화를 가져올 시도들을 포기할 수 없었습니다.

이런 용기를 집단상담에서 열 번 내었다면, 현실에서는 두세 번 내기도 어려웠습니다. 하지만 그래도 의뢰인에게 싫다, 못한다는 말을 조금씩 해봤습니다. 사건을 위임하기 싫으면 안 하셔도 된다는 식의 배짱도 튕겨봤습니다. 말을 내뱉어놓고는 그 후유증을 앓을 때도 있었지만, 그러는 사이 조금씩 제 주변을 둘러싼 환경이 바뀌기 시작했습니다. 신기하게도 나를 괴롭히던 고객들이 점차 변호사로서의 나를 존중하고 어려워하기 시작했습니다. 사건 수임도 덩달아 늘어났습니다.

차츰 더 용기가 생기고, 고객들에게 쓴소리, 듣기 싫은 소리 하는 것이 익숙해지면서 드물게는 고객과 다투는 일까지 생겼습니다. 어느 회사의 대표와 인천 본사에서 만나기로 약속한 날이었습니다. 하필 그날따라 제가 참석한 재판은 계속 지연되어 예정시각을 훌쩍 넘겨 종료됐고, 차량 정체가 심해 약속시간을 도저히 맞출 수 없는 상황이 되었습니다. 대표와 이 상황을 공유하기 위해 통화를 했는데, 전화 받는 순간 벌써 화가 많이 난 목소리였습니다. 변호사가 참여하는 미팅이라고 미리 관계사 임원들까지 불러놨는데 곤란하게 된 것이지요. 정중하게 사과를 했는데, 다혈질인 이 분이 납득을 못하고 말이 거칠어지기 시작했고, 저도 부아가 나서 톤이 높아졌습니다.

결국 "당장 튀어오라면 와야지 뭐하는 거냐?"는 말에 불끈해 "내가 당신 집 개새끼냐, 부르면 튀어가게"라고 답했다가 결국 서로 거친 말을 주고받게 되었습니다. 그런데 우스운 상황이 발생했습니다. 다음 약속에서 그 대표는 문까지 배웅 나와 제 손을 잡아끌며 관계사 임원들에게 "제가 존경하는 우리 회사 고문변호사님이다"

라고 소개까지 하더군요.

　사회 어느 곳에 어떤 지위에 있든 사람답게 살아가는 본령을 깨
우쳐주시는 분이 장성숙 교수님이고, 현실역동상담입니다. 삶의 극
적 변화를 체험한 저는 교수님의 팬이자 영원한 추종자입니다.

3장

상담계가 안고 있는 취약성

범람하는
상담 전공자들

처음 심리상담이 일반인들에게 알려지기 시작했을 때는 그저 말이나 몇 마디 해주는 상담이 효과를 내면 얼마나 내겠느냐며 사람들은 뜨뜻미지근한 반응을 보이기 일쑤였다. 아무리 심리상담이 중요하다고 피력해도, 등 따시고 배부른 사람들이나 필요한 것 아니냐고 치부해 버렸던 것이다.

그러나 최근에는 청소년들을 대상으로 한 학교상담이나 청소년 복지상담 등이 활성화되면서 어느덧 심리상담이 일반인의 생활에 깊숙이 들어와 있다. 다문화 가구 수도 늘어나면서 이들을 위한 상담 활동도 활성화되고 있다.

오늘날 우리들은 그 어느 때보다 풍요롭게 생활하면서도 동시에 어느 때보다 팍팍한 삶을 살고 있다. 사람들은 외견상으로는 여유로운 듯 보이지만 내적으로는 많이 피폐해져 있는 것이 현실이다. 그러다 보니 내적 안정과 균형 잡힌 삶을 갈구하기에 이르렀고, 심리상담으로 도움을 받고자 하는 사람도 늘고 있다.

갖가지 이유로 인해 심리상담이 많이 활성화되었지만 외형과는 달리 속을 들여다보면 실상은 어수선하기 짝이 없다. 발전이라는 것은 처음부터 균등하게 이뤄지기 힘들어서 어느 하나가 앞서가서 다른 것을 이끌어가는 것이 보편적이라고는 하지만, 다듬어지고 정리돼야 할 것이 산적해 있다.

오늘날 상담계가 지니고 있는 문제점들은 발전하는 과정에서 불가피하게 나타나는 현상이라고 볼 수도 있다. 그래도 인성을 바로 잡아 주는 전문 영역이 상담인 만큼 하루빨리 정비되지 않으면 곤란하다. 늦으면 늦은 만큼 그 폐해가 확산될 것이기 때문이다.

30년 넘게 상담자로 활동하면서 문제점으로 여기게 된 것들을 이번 장에서 짚어보려고 한다.

상담자의 과잉양산

최근 심리상담을 공부하겠다고 하는 사람이 급속도로 불어났다. 이것은 상담이 그만큼 인기학과가 되었다는 방증이니 즐거운 비명이 아니냐고 할 수 있다. 분명 그런 면이 있기는 하다.

하지만 너도나도 상담자가 되겠다고 하는 것은 그리 바람직한 것이 못 된다. 문턱이 낮다는 것을 의미하기도 하지만, 너무 많은 상담자가 배출될 경우 적은 임금으로도 상담자를 고용할 수 있기 때문에 전문직종으로서 장수하기는 어렵게 된다.

심리상담 분야가 활성화된 이유는 여러 가지가 있겠지만, 언론 매체에서 앞으로 심리상담사가 유망 직종이라고 말을 흘리기 시작하면서부터 부쩍 사람들의 관심을 끌었던 것 같다. 삽시간에 심리 상담을 공부하겠다는 사람들이 폭발적으로 늘어나기 시작했다.

게다가 말로 시작하여 말로 끝나는 상담을 사람들은 비교적 쉬운 것이라 여겼던 것 같다. 남의 말을 잘 들어주는 편이라고 자평하는 사람들이 너도나도 심리상담 공부를 하겠다고 나섰다. 결혼이나 육아로 경력 단절을 경험한 많은 여성들이 다른 분야에 비해 비교적 쉽게 접근할 수 있다는 이유로 미래의 직업으로 심리상담사를 꿈꾸며 대거 대학원으로 진출했다.

때마침 한국에서 인구가 급격히 감소하기 시작해 교육부에서는 지방대학교를 살리기 위해 수도권 대학교들의 정원을 축소시키는 정책을 폈다. 대학교에서는 입학 정원이 감축되자, 등록금 수입을 늘리기 위해 상대적으로 통제를 덜 받는 대학원 정원 늘리기에 몰입했다. 그런 이유로 이제는 거의 대부분의 대학교에서 일반대학원 외에도 특수대학원이 생겨났다. 특히 심리상담이라면 설비투자도 그리 많지 않기 때문에 우후죽순 격으로 많이 생겨났다. 심지어 어떤 곳에서는 이름만 조금씩 달리해서 상담 관련학과를 여러 개 운영하기도 한다. 또 정원수를 채우기 위해 거르지 않고 학생들을 뽑다 보니 학부에서 심리학이나 유사학과를 전공하지 않아도 누구나 면접만 치르고 입학할 수 있는 곳도 많이 있다. 학교당국에서는 상담학과가 좋은 수입원이 되어서 좋고, 학생은 손쉽게 입학할 수 있어서 좋은 양상처럼 보이지만 이것은 고스란히 상담계의 전망이나 평판을 흐리게 하는 원인이 된다.

문제는 거기서 끝나지 않는다. 대학원을 졸업한 상담학도들이 수련 받을 곳을 마땅히 찾기가 어렵다. 해마다 배출되는 전공자들이 엄청나게 많기 때문에, 제법 틀을 갖춰 인턴교육을 시키는 대학교의 상담센터에서 적정 인원을 뽑고 나면 나머지 인원은 알아서 수련할 곳을 찾아야 한다. 사설기관에서 수련생들을 모집해 인턴교육을 시키기도 하는데, 여러 면에서 허술하다고 한다. 어떤 곳에서는 제대로 수련을 시키지도 않고 수련비만 많이 챙긴다거나 노동력을 착취하는 곳도 있는 것으로 안다.

대학원을 졸업한 전공자들 입장에서 봐도 상황은 열악하다. 비록 학회 자격증이라 해도 그것을 취득하기 위해서는 소정의 조건을 갖춰야 하는데, 그것을 채우기 위해서는 개별적으로 찾아나서지 않으면 안 된다. 과도한 공급 현상이 나타나면서 맞물려 나타나는 부작용이 많은 것이다.

상담을 공부하게 된 이유

나의 경우엔 심리상담에 대해서 전혀 모르다가 20대에 이르러 '수용받는다'는 게 어떤 것인지 체험하고 매우 기뻐했던 사람이다. 누군가로부터 있는 그대로를 이해받고 수용받는다는 것은 마치 새로운 세상을 발견하듯 소중하고 신기한 경험이었다.

자신이 있는 그대로 수용된다는 것이 왜 그리 좋았을까 되짚어보면 그만큼 외로움을 탔다는 얘기가 아닐까 싶다. 그래서 그토록 나를 이해하고 받아준다는 사실에 환호했던 것 같다.

수많은 사람들이 심리학이나 상담에 끌리는 것은 일차적으로 본인이 그렇게 만드는 요인을 갖고 있다는 것이다. 나처럼 외로워서 책에 파묻혀 살았다든지, 남의 이야기를 잘 들어주는 것에 강화를 받았다든지, 자신의 언행이 스스로도 궁금하다든지 등의 이유로 그것을 살펴보고자 하는 마음으로 심리 공부를 하게 되는 경우가 많다. 또는 가족 중에 정신병이나 극심한 신경증을 앓는 사람이 있어서 관심을 기울이다가 심리 공부를 하게 된 사람들도 있다.

그런데 문제는 상담 공부에 관심을 갖게 된 계기가 깊은 상처에 기인한 경우다. 이때는 본인이 상담 전공자가 되기보다 자신이 상담을 받는 것이 바람직하다. 공부란 원리나 기법을 배우는 것이기 때문에 자신을 이해하는 데는 도움이 될지 몰라도 개선을 하는 데는 그리 도움이 되지 않는다. 이들에게는 머리로 하는 공부가 아니라 체험적인 치유가 필요하다는 것이다.

어쨌든 상담 전공자들 중에는 일반인보다 오히려 취약한 사람들이 많다는 것은 사실이다. 상담을 받을 때 상담자를 믿고 자신을 개방해야 하는데 이런 면에서 두려움을 느낀 나머지 상담자에게 도움을 받는 것이 아니라 본인이 직접 공부를 해서 스스로를 돕겠다고 생각했는지도 모를 일이다.

물론 스스로 공부해서 자신을 돕겠다는 생각이 틀렸다고 말할 수는 없다. 문제는 공부를 시작하면 그쪽으로 들이는 노력이나 비용이 크기 때문에 아무래도 그 방면에서 일하려는 경향이 나타난다는 것이다.

그런데 상담에서 '상담자'는 가장 영향력을 미치는 도구가 된다는 데에 문제가 있다. 상담 이론이나 기술은 어디까지나 보조적인 것에 불과하다. 본질은 상담자의 품격이나 성숙도에 있는데, 이것은 전공했다고 해서 갖춰지는 것이 아니라는 것이다. 자신을 잘 적응하는 사람으로 만들지 못한 상태에서 다른 사람의 적응을 돕는 것이 제대로 될 리 없다. 이런 까닭에 상담계에서는 "상담을 받아야 할 사람들이 상담자로 변신해 있다"는 우스갯소리가 나돌고 있는 실정이다.

농담처럼 회자되는 이런 말은 우리의 아픈 현실이다. 자신의 문제 때문에 상담에 끌릴 수는 있지만, 남의 인성을 돕는 상담자가 되려면 필히 자신의 심리적인 문제만큼은 극복한 수준이 돼야 한다고 본다. 상담은 다름 아닌 예민하게 영향을 주고 받는 관계를 다루는 분야이기 때문이다. 일찍이 가족 관계에서 문제를 안게 된 사람을 상담자와 건강한 관계를 맺는 연습을 통해 치유시킴으로써 실생활에서 주위 사람들과 원만히 지내도록 하는 것, 그것이 상담이다. 따라서 상담을 '관계학'이라고 일컫기도 한다.

고비용와
수익성 간의
불균형

상담계가 어수선해진 이유 중 하나는 자격증 문제가 있다. 처음부터 엄격한 기준 아래 자격증을 발급해서 진입장벽이 높았더라면 사람들이 상담을 그리 만만하게 보지는 않았을 것이다. 말은 누구나 할 수 있는 것이라고 생각한 사람들이 말로 하는 상담이라면 자신도 할 수 있다 생각해 상담을 전공으로 쉽게 택하지 않았을까 싶다.

상담을 꽃피우고 있는 서양 사회에서는 정부 차원에서 자격증을 엄격하게 관리, 감독하고 있다. 상담 전문가가 되기 위해서는 우선적으로 대학원에 재학할 때부터 실제 상담 실습을 하면서 그것에 대한 지도, 감독을 필히 받아야 한다. 그리고 일반적으로 학위 논문을 쓰기 전 1년 동안 인턴 과정을 밟는다. 학위를 취득하고 나서는 레지던트 2년 과정을 모두 마쳐야 비로소 상담 전문가 자격시험을 볼 수 있다는 자격을 취득한 셈이다. 하지만 우리 사회에서는 상담 전문가의 자격을 국가 차원에서 발급하는 게 아니라 학회 차원에서 발급하고 있다. 그러다 보니 여기저기에서 발급하는 사태가 발생하기 시작했고 허술한 점도 많이 나타나고 있다.

난립하는 학회, 남발하는 자격증

앞에서도 얘기했지만, 이참에 상담 분야의 학회가 어떻게 생겨났는지도 간략히 짚어보면 좋겠다.

심리학회 산하에 상담 분야와 임상 분야는 처음엔 함께 묶여 있었다. 학회에 참석하면 이번 달에 임상에 관한 발표를 했다면 다음 달에는 상담에 관한 발표를 하는 식으로 번갈아가며 공부할 수 있었다. 그러다가 1980년대 후반에 두 분야가 분리되었다.

상담심리 분야는 임상심리 분야와 분리되면서 교육학의 상담 분야와 손을 잡았다. 전국적으로 심리학과가 그리 많지 않았고 교육학과에 상담 분야가 있는데, 이 두 가지가 서로 유사한 면을 지니고 있었기 때문에 함께 하는 데 별 무리가 없었다. 하지만 시간이 지나면서 전공자들의 숫자가 늘어나자 교육학을 전공한 사람들이 왜 자기네가 심리학회 산하인 상담심리분과에 소속돼야 하느냐며 교육학을 전공한 사람들을 중심으로 상담학회를 만들어 분리했다. 이 과정에서 많은 진통을 겪었는데, 교육학을 전공한 사람들 사이에서는 굳이 분리할 필요가 있느냐는 사람들과 모학회가 다르기 때문에 분리하는 게 합당하다는 사람들이 대립하기도 했다.

현재에는 심리학회 산하의 상담심리학회와 교육학 산하의 상담학회가 쌍벽을 이루고 있는 상태다. 회원 수가 각각 2만 명에 육박할 정도이니 엄청난 규모의 학회임에는 틀림없다. 하지만 이 외에도 수많은 학회가 설립되어 상담 계통의 공부를 하는 사람은 엄청난 숫자에 이르고 있다.

학회가 점점 틀을 잡아가자 우리나라도 선진국에서처럼 자격증을 정부 차원의 것으로 승격시키고자 하는 움직임이 있었다. 그러나 오랫동안 노력했던 이 숙원사업은 결실을 맺지 못하고 있는 상태다.

자격증에 대한 공인화(公認化) 작업을 추진하고 있을 때, 기회는 이때다 싶어 여기저기에서 학회를 설립해 자격증을 남발하기 시작했다. 이런 세태도 자격증 공인화에 부정적인 영향을 미치지 않았을까 생각한다. 오늘날 상담심리학회와 유사한 수많은 단체나 학회가 생겨났고 자격증을 남발하고 있다. 특히 한국 사회에서는 금융위기 이후 자격증을 가지고 있어야 취업에 유리하다는 풍조가 퍼진 탓인지 자격증 왕국이 되어 있는 모양새다.

무늬만 전문가인 수준

어느덧 우리 사회도 이제는 다양한 복지제도를 갖추기 시작했다. 경제 성장과 아울러 삶의 질을 높이기 위해 국가 차원에서 이런저런 사회적 혜택이 마련되어 있다. 덕분에 심리상담이 대중들에게 친숙해진 것도 사실이다. 하지만 면밀히 살펴보면 아직은 무늬만 갖춘 수준이다. 수많은 상담기관이 설립되었지만 그때그때 필요에 따라 설립했기 때문인지 기관끼리 연계가 잘 이뤄지지 않고 중복되는 경우가 많다. 이를테면, 다양한 종류의 전화상담기관, 청소년상담복지센터, 학교에 연결된 Wee센터, 청소년동반자, 다문화상담센터, 건강가정지원센터, 청소년 게임중독센터 등 상담기관이 즐비한데, 과연 각각의 센터들이 특화되어 있는지는 의문이다.

상담이 어려운 이유 중 하나는 의사들처럼 매뉴얼화된 작업을 하기가 어렵다는 사실이다. 그리고 상담 성과를 내기 위해서는 전체를 바라보는 안목을 갖고 특정한 것에 집중해야 하는데 이것이 그리 쉬운 일이 아니다. 뿐만 아니라 상담자에 따라 중시하는 면이 다르기 때문에 어떤 상담자가 실시하느냐에 따라 결과가 많이 달라진다.

뿐만 아니라 공공기관에서는 예산문제 때문에 좀처럼 숙련된 전문가를 고용하지 못하고 있다. 대개의 경우 갓 졸업한 전공자들을 저임금으로 기용하고 있는 실정이다. 그러다 보니 아직 전문성을 갖추지 못한 비슷한 수준의 상담자들이 각 기관에서 별 특색 없이 상담을 진행하고 있는 형편이다. 공공기관에서 지급하는 임금이 약한데도 불구하고 상담자들이 그곳으로 가는 이유는, 어쨌든 숙련가가 되기 위해서는 많은 임상 경험을 해야 하기 때문이다. 저가의 임금을 받더라도 상담을 실습할 수 있는 장소가 필요한 것이다.

문제는 여기에서 그치지 않는다. 상담자가 되기 위해서는 지나치게 많은 비용을 감당해야 한다. 자신의 문제를 내담자에게 투사시키지 않으려면 적어도 본인의 문제가 무엇인지는 알고 조심해야 한다. 윤리적인 차원에서라도 상담자가 되려면 반드시 교육분석을 거치도록 되어 있다. 본인부터 상담을 받아봐야 한다는 것이다. 나아가 자격증을 따는 데 필요한 조건을 갖추기 위해서는 숱한 수퍼비전(상담의 지도, 감독)을 받아야 하는데 이 비용이 만만치 않다.

이렇게 많은 비용을 들여 자격증을 획득한 후에도 공공기관에서 받는 임금이 너무 적어 독자적으로 상담소를 차려 운영하는 사람들이 많다. 개업하는 의사가 너무 많아지면 수익성이 떨어지듯 상담소 역시 유사한 현상을 보이기 때문에 현실은 녹록지 않다는 것이다.

사정이 이러한데도 기존의 몇몇 상담자들은 호황을 누린다고 한다. 내막을 살펴보면 상담을 받으러 오는 대부분의 내담자들이 일반인이 아니라 후학들이다. 기득권을 지닌 상담자들이 후배들을 상대로 교육분석이나 수퍼비전으로 돈을 벌고 있으니 "피라미드 식이냐"는 냉소적인 말이 생겨날 정도다.

기존의 상담자들 중에는 골치 아픈 문제를 안고 있는 일반인은 상대하지 않고 비교적 안정된 상태의 후학들을 골라 교육분석만 하려 드는 사람들이 더러 있다. 참으로 안타까운 현실이다. 상담자가 되고자 하는 후학들은 당장 시급한 문제를 가지고 있지 않을뿐더러 한 번 시작하면 적어도 몇십 회기를 꾸준히 상담받기 때문이란다.

사정이 이렇다 보니 위기 개입과 같은 다급한 문제에 손을 대려는 상담자들이 많지 않아서 내담자들은 제대로 도움을 받지 못하고 있는 실정이다. 안정된 사람들을 좀 더 균형 잡히게 해주는 수준의 상담이나 골라서 하려는 세태는 상담계의 발전에 그다지 바람직하다고 볼 수 없다.

전문성에 대한
이해 부족

심리상담에서는 상담자 자신이 가장 강력한 도구다. 신뢰할 수 있는 인간관계를 통해 내담자의 성장을 돕고자 하는 게 상담이기 때문에 상담자는 기법이나 기술을 습득하는 것 이상으로 자신의 성장을 이뤄야 한다. 그렇지 않으면 상담자가 내담자에게 필요한 건강한 관계의 체험을 이끌기 어렵다.

'성장했다'고 한다면 내적 균형은 물론 대외적인 적응도 잘했다는 것을 의미한다. 적응 능력을 갖추도록 잘 이끌어주려면 상담자 본인부터 균형 있게 성장하는 것이 필수다. 따라서 상담 전문가를 양성하기 위해서는 교육분석이 반드시 필요하다고 하는 것이다.

교육분석에 대한 기피

교육분석이란 상담자가 되려고 하는 사람이 교육 차원에서 먼저 상담받는 것을 의미한다. 상담자가 되기를 원하는 사람이 교육분석을 받아야 하는 이유를 정리하면 다음과 같다.

첫째, 상담자가 자신의 상태나 문제를 다뤄봄으로써 그것을 다 극복하진 못하더라도 내담자에게 투영하는 것을 방지할 수 있다. 사람은 자신의 굴절된 시각대로 대상이나 사물을 인식하기 마련인데, 적어도 상담자는 내담자에게 그런 오류를 범해서는 안 된다. 이러한 이유에서 교육분석은 윤리적 차원에서도 꼭 거쳐야 하는 필수 과정이라고 보는 것이다.

둘째, 교육분석을 통해 상담을 어떻게 실시하는지 체험적으로 배울 수 있다. 상담기술을 습득하는 것은 일종의 도제 양성과 같은 과정이다. 교육분석을 받는 과정에서 분석가의 접근방식을 비롯해 일거수일투족을 관찰하며 자신의 것으로 내재화할 수 있다고 본다.

셋째, 자신이 내담자가 되어봄으로써 여러 가지 사실을 몸소 체험할 수 있다. 상담자에게 자신을 솔직하게 개방하는 것이 그리 쉽지 않다는 것, 이전의 상처를 다시금 끄집어내어 살펴보는 것이 고통스러운 과정이라는 것, 나아가 저항이나 전이가 일어날 수 있다는 것 등의 사실들을 직접 경험함으로써 내담자가 겪는 갖가지 어려움을 이해하고 인내하게 된다.

넷째, 교육분석을 통해 자신이 상담 성과를 경험했을 경우에는 내담자가 상담 과정에서 회의를 보이더라도 흔들리지 않을 수 있다. 만약 본인이 상담의 맛을 모른다면 그런 저항에 부딪쳤을 때 힘 있게 상담을 진행하기가 어렵다는 것이다. 자신이 상담의 가치를 잘 모르면서 내담자에게 그 가치를 주장하기는 어렵기 때문이다.

다섯째, 내담자로서 분석가와 맺는 관계는 전문직에 종사하는 내 내 이어져 자신의 든든한 버팀목이 되기도 한다. 경우에 따라서는 어려움에 봉착했을 때 분석가에게 도움을 청할 수도 있다.

이런 이점들이 있음에도 불구하고 많은 상담 전공자들이 교육분 석을 꺼려하고 있다. 비용이 만만치 않게 든다는 것이 그 첫째 이 유다. 또 다른 이유는, 다른 사람에게 자신을 개방해야 한다는 것 에 두려움을 느끼기 때문이라고 본다. 그런데 만약 그런 이유로 교 육분석을 피한다면 그것은 엄연한 모순임에 틀림없다. 본인은 그렇 게 못하면서 다른 사람에게는 상담의 성과를 믿으라고 하거나 솔 직하게 자신을 개방하라고 한다면, 그것은 속임수나 다름없기 때문 이다. 상담자가 본인의 체험에 입각해 힘있게 상담을 진행하지 못 하고 그저 매뉴얼에 따르듯 무조건 들어주고 마냥 기다려주는 식의 상담을 진행하는 경우가 많다는 것은 애석한 우리의 현실이다.

이참에 하는 말이지만 상담은 여린 마음으로 내담자를 곱게 받아 주는 것만으로 성과를 내는 게 아니다. 누군가가 자신을 전폭적으 로 공감하고 이해해 주면 힘이 나는 건 사실이지만, 때때로 상담자 는 내담자가 감당할 수 있을 정도의 고통을 동원할 수 있어야 한다. 그래야 내담자가 자신의 매듭을 풀고 제대로 기능할 수 있는 사람으로 성장하기 때문이다. 그래서 상담자는 내담자가 내재된 분노를 터트릴 때 그것을 받아낼 수 있는 힘을 지녀야 하고, 그래야 비로소 내담자를 도울 수 있다고 하는 것이다.

상담 실무에 둔감한 상담 교수들

나도 교수였던 사람으로서 내 얼굴에 침 뱉기 식이 될까 봐 조심스럽지만, 상담에 대한 교수들의 시각에도 문제는 있다. 본래 교수의 정체성은 상담 실무에 있는 것이 아니라 연구나 교육에 있다고는 하지만, 그래도 상담은 이론 분야가 아니라 응용 분야다. 그렇기 때문에 대학에 재직하며 상담을 가르치는 교수라면 어느 정도 상담에 대한 감각을 지녀야 한다고 본다. 그렇지 않으면 상담 실무에 대해 그야말로 원론적이거나 고전적인 가르침을 펴고 말 것이다.

문제는 이 분야에 재직하고 있는 교수들이 본인이 전혀 상담을 실시하지 않는데도 실무에 대한 과목, 즉 상담실습이나 면접기술, 사례 수퍼비전과 같은 과목을 가르치고 있다는 것이다. 그러다 보니 그 밑에서 수학한 제자들 역시 상담을 애매하게 받아들이거나 그냥 하면 되는 줄로 여기기 십상이다.

상황이 이렇게 된 데에는 현실적인 여건도 있기는 하다. 각 학교마다 교수들의 수가 제한되어 있어 이론 연구에 집중하는 교수와 상담 실무를 전담하는 교수를 따로 두지 못하고 이것저것 다 가르치도록 되어 있다. 뿐만 아니라 한 교수에게 배당되는 지도학생 수가 가히 살인적이라 할 만큼 많다 보니까 논문지도에 치어 교수들이 상담 실무에 대해서는 엄두를 내지 못하는 상황에 있다.

또 다른 문제는 대부분의 상담교수들이 학생들에게 주로 고전적인 치료기법을 가르친다는 사실이다. 우리가 익히 알고 있는 주요 상담이론들은 전형적인 신경증 환자들을 대상으로 생겨난 것들이다. 상담을 배우는 데 있어 신경증을 어떻게 치료하는지에 대한 이해는 기본을 구축하는 것으로서 매우 중요하다. 그러나 시대는 많이 변해서 오늘날 신경증을 앓을 정도로 상태가 심한 사람들은 상담보다는 즉각적인 효과를 가져다주는 약물치료를 선호한다. 약물치료는 증상을 완화시켜 주는 대증요법일 뿐이지만 가시적인 성과를 금방 가져다 준다.

오늘날 상담자를 찾는 대개의 내담자들은 신경증을 앓는 환자 수준의 사람들보다는 생활 속에서 크고 작은 애로를 겪는 일반인들이다. 신경증을 앓는 사람이 약물 처방을 받으면서도 적응적인 삶을 상담을 받기도 하지만, 그것은 보조적 차원에서이지 주된 것은 병원치료다. 일반인 수준에서는 만성적인 문제를 가지고도 있지만 대개의 사람들은 일시적인 사건사고에 의한 부적응을 호소한다. 아무튼 이들이 원하는 것은 자신에 대한 깊은 이해가 아니라 당면하고 있는 문제를 어떻게 하면 신속하게 극복하느냐 하는 해결방안이다.

특히, 무료 상담기관에서는 각 개인이 원한다고 해서 무한정 상담을 해주는 것이 아니라 10~12회기 정도로 상담을 제한하고 있다. 그러다 보니 중·장기상담을 하듯 마냥 느슨하게 접근했다가는 아무런 성과를 내지 못하고 상담을 종결하기 일쑤다. 회기를 정해

놓고 하는 단기상담에서는 신경증을 치료하듯이 내담자가 문제를 갖게 된 배경에만 접근하는 상담을 펼칠 여유가 없다는 뜻이다. 상담자가 좀 더 능동적이고 다부지게 내담자가 호소하는 당면문제에 역점을 두고 그것을 극복하는 데 최우선 목표를 두어야만 한다.

유료 상담에서도 역시 비슷하다. 현대 사회의 특징은 속도감이다. 사람들은 진득하게 기다려주지 않는다. 더구나 많은 비용을 부담하는 유료 상담을 사람들은 부담스러워하기 때문에 가급적 단기적으로 상담을 받고자 한다.

현실이 이처럼 변화하는데 이것에 부응하지 못하고 여전히 전형적인 신경증 치료처럼 상담을 하는 것은 적합하지 않다. 그런데도 불구하고 상담자를 육성해 내는 학교에서 가장 강한 보수성을 가지고 기존의 방식을 견고하게 지속하고 있는 것은 시대에 뒤처진 양상이다. 특히 상담은 실생활과 연결되어 있기 때문에 더욱 그러하다.

적극적인
개입에 대한
두려움

앞서 말했듯이 오늘날에는 비약적인 향정신성 의약품의 개발로 정신병을 앓는 사람들은 물론 신경증을 앓는 사람들도 손쉬운 약물치료를 받으러 병원으로 향한다. 전통적인 관점에서의 심리치료 대상자들은 이제 더 이상 상담자를 찾지 않게 되었다. 상담을 받더라도 병원 치료에 대한 보조적인 수단으로 병행하는 정도다.

이제 상담자를 찾는 사람들은 대체로 일상생활이 가능한 일반인들이다. 이들은 대부분 충격이나 사고 때문에 일시적인 부적응을 겪는 사람들로서, 겉으로 드러난 증상 이상의 뿌리를 알고 싶어 하는 경우는 드물다. 대다수의 사람들이 필요로 하는 건 예상치 못한 상황에 처하게 된 현재의 고통을 벗어날 해결방법을 얻는 것이다.

그런데 아직도 많은 상담자들이 이런 사람들에게 신경증을 치료하는 패러다임을 적용해 상담하려 한다. 내담자가 현실적인 문제로 일시적인 증상의 발현을 겪을 수는 있지만, 진짜 그들에게 필요한 것은 해결책이다. 상담자가 주고자 하는 것, 즉 자신에 대한 깊이 있는 이해와는 간극이 큰 편이다.

문제를 현실적으로 보는 안목 부족

실무에 종사하는 대다수의 상담자들이 근거로 하고 있는 관점은 다분히 인간중심상담이다. 나도 일찍이 인간중심상담에 매료되어 심리학과로 전과를 했던 사람으로서 그것을 부정적으로 말할 의도는 전혀 없다. 나 또한 공감과 지지는 상담의 중요한 요소라고 생각한다. 다만, 인간중심상담은 이미 전반적으로 균형이 잘 잡혀 있거나 성숙한 내담자에게나 적합한 것은 아닌가 하는 의문을 갖는다. 모든 내담자에게 적용하기에는 어려움이 있다고 보는 것이다.

상담자가 충분한 공감이나 지지를 통해 수용을 해주면, 내담자가 비로소 통합을 이루며 바람직한 방향으로 나아간다는 것이 인간중심상담의 핵심이다. 그러나 임상에서 이뤄지는 상담에서는 실제로 그렇게 낙관적이지 않다. 대개의 경우, 수용을 받아 성장하는 속도보다 현실에서 미끄러지듯 수렁으로 빠져드는 속도가 더 빠르고 정도도 크다. 내담자가 처해 있는 현실이 그만큼 다급하거나 고질화되어 있어서 좀처럼 일어서지 못하는 경우가 대부분이라는 것이다.

'자신의 상황에 대해 가장 잘 아는 사람은 내담자이기 때문에 모든 결정이나 속도는 그에게 맡긴다'는 인간중심상담의 방향성에서 조금 더 나아가 깊이 있는 태도를 선택하는 상담자들이 있다. 이들은 그냥 공감해 주는 것보다 내적인 이해를 더해 주는 상담으로 정신분석적인 접근을 시도한다.

정신분석에서는 증상을 인과관계로 파악하며, 무의식화되어 있는 것 때문에 야기되는 결과를 증상이라고 설명한다. 내담자 자신이 그러한 인과관계를 명확하게 인식하면 점차 증상을 극복하는 데 필요한 첫걸음을 뗀다고 여긴다. 그리하여 많은 상담자들이 그 원인을 찾으려고 성장 시절의 경험을 가능한 한 세심하게 살핀다.

그러나 정신분석적 접근 역시 '내담자가 자신의 경험이 증상에 미치는 영향을 알게 되면 그것을 스스로 극복한다'는 믿음을 전제로 하고 있다. 내담자가 모르면 증상에 휘둘리지만 그 원인이 무엇인지 알면 스스로 증상을 이겨낼 것이라고 믿고, 마냥 이유 찾는 것에 주력하는 것이다.

내담자 중에는 속 시원히 뒤엉킨 마음을 풀어보려고 상담자를 찾는 사람도 있겠지만, 사실 그런 사람들은 소수에 불과하다. 대개의 경우에는 자신이 봉착한 딜레마에 대해 해결방안을 얻고 싶어 한다. 더구나 단기상담일 경우에 내담자가 다급하게 원하는 것은 상담자의 방향 제시나 조언이다.

이러한 내담자들의 욕구나 필요에 부응하려면 상담자가 폭넓은 식견을 가지고 내담자가 가려워하는 부분을 긁어줄 수 있어야 한다. 그런데 안타깝게도 상담자가 내담자보다 더 순진하거나 현실과 동떨어진 이상론을 펼칠 때가 자주 있다. 심지어 내담자들이 말하는 치열한 현실에 대해 전혀 감을 잡지 못하는 상담자들도 더러 있는 형편이다. 도무지 내담자의 말귀를 알아듣지 못하는 것이다. 상담자가 내담자의 말을 잘 이해하지 못해 내담자가 장시간 설명을 해야 한다면 주객이 전도된 상황이 아닐 수 없다.

이런 우스꽝스러운 사태를 피하고 상담 실무에서 실질적인 도움을 주려면 상담자들이 협소하게 심리 이론만 익힐 것이 아니라 현실 세계를 보는 안목을 반드시 키워야 한다고 본다. 심리적인 것은 현실적인 것과 함께 나타나게 마련으로 독립적으로 분리되어 뜬금없이 나타나는 것이 아니다. 뿐만 아니라 심리적인 안녕을 도모하기 위해서는 현실에 눈이 밝으면 밝을수록 내담자에게 더 큰 도움을 줄 수 있는 게 사실이다.

단기상담의 필요성에 대한 인식 부재

내담자가 인간중심상담을 통해 충분한 수용을 받아가며 자신을 성장시키려면 일단 내담자에게 다급한 사안이 없어야 한다. 정신분석적 접근을 통해 내담자가 도움을 받을 때도 자신을 차분히 되돌아볼 수 있는 상황이 확보돼야 한다. 그게 아니라 만약 중요한 결정을 내려야 하는 상황이거나 열악한 여건에 놓여 있다면, 우선적으로 상담자가 개입해 방향을 잡아주는 식의 상담을 해주는 것이 필요하다.

일반인들도 사안이 있을 때마다 상담을 접할 수 있게 되면서 상담은 한 번 시작하면 오랫동안 지속하는 것이라기보다, 필요하면 언제든지 찾아가거나 그만두기를 반복할 수 있는 것으로 인식하기 시작했다. 상담을 성장의 도구로 여기는 사람들이 있는가 하면, 그와는 달리 닥친 사안을 해결하기 위해 자문을 받는 것으로 생각하는 사람들도 많아졌다. 다시 말해, 상담을 그때그때 필요한 아스피린 정도로 여기는 사람들이 많아졌다는 것이다. 이제 상담은 전체적으로 보면 점점 단기상담이 대세를 이루는 추세다.

세태가 이렇게 변화하고 있음에도 불구하고 많은 상담자들이 이런 흐름을 따라가지 못하고 완고하게 고전적인 형태의 상담을 실시하려고 든다. 내담자가 필요로 하는 것과 상담자가 제공하는 것이 맞아떨어지지 않는 것이다. 이것이 장기화될 경우 많은 사람들이 상담을 외면하는 사태가 올 수도 있다고 본다.

특히 정신분석적 접근을 하는 경우, 어릴 적의 경험이 결정적인 영향을 미친다는 사실을 기반으로 현재의 부적응적인 언행들을 설명하려고 한다. 그것이 틀렸다는 말은 아니다. 다만 과거에 집중하다 보면 내담자가 호소하는 현안은 뒤로 밀려나고, 과거 경험을 샅샅이 살피는 것에나 열중하고 말 위험이 있다. 살아 있는 상담을 하기보다 흔적을 찾는 식의 맥 빠진 상담을 하기 십상이라는 것이다.

정신분석은 내담자의 심리내적 갈등(intra-psychic conflict)이 현재의 증상에 어떻게 영향을 미치는지 파악하는 것으로, 표면에 드러난 증상에 대해서는 2차성을 두고 증상의 뿌리인 심리내적 갈등의 해소에 1차성을 두는 것이다. 그러나 단기상담이 대세를 이루는 오늘날에도 여전히 고전적 정신분석의 틀인 통찰지향 상담을 적용하려 한다면 핀트를 맞추지 못하는 상담을 할 우려가 있다.

단기상담이라고 해서 역동적 이해를 할 필요가 없다는 것은 아니다. 오히려 짧은 시간 내에 상담 성과를 거두려면 기민하게 1~2회기 안에 내담자에 대한 역동적 이해를 재빨리 끝내야 한다. 만약 10~20회기로 마치는 단기상담에서 통찰지향 상담을 실시하듯 했다가는 그야말로 사안을 파악하는 데만 거의 모든 시간을 쓰고 정작 다뤄야 할 현안 문제는 용두사미(龍頭蛇尾) 격으로 종결하기 일쑤다. 단기상담에서는 호소하는 문제 그 자체에 역점을 두는 지지지향 상담을 해야 마땅하다고 본다.

문제는 지지지향 상담은 통찰지향 상담에 비해 더 적극적인 개입을 해야 하기 때문에 쉽지 않다는 것이다. 사람들은 흔히 통찰지향 상담이 심오한 문제를 다루기 때문에 더 전문적이고 어려운 것이라고 생각하지만, 사실은 현실적인 사안을 다루는 지지지향 상담이 더 어렵다. 현실적인 사안을 효과적으로 처리하기 위해서는 폭넓은 안목을 갖추는 것은 물론 상담자로서 강단도 갖춰야 하기 때문이다.

얼마 전에 대학원에 재학 중인 사람이 내게 상담 사례 수퍼비전을 받았다. 내담자가 너무 많은 문제를 쏟아내는 바람에 상담수련생인 그녀가 초점을 잡기 어려워했다. 나는 그 상담수련생에게 상담을 받으러 온 계기가 직장에서의 문제이니까 그것에만 집중하라고 했다.

회기가 진행될수록 내담자는 직장 문제에 이어 10년 전 결혼 시점의 이야기를 지루하게 펼쳤다. 그것을 적당히 잘라내지 못한 상담수련생은 이게 뭔가 하여 자꾸 되물었고, 내담자는 대꾸하다가 밑도 끝도 없이 결혼 생활에 대해 말하기 시작했다. 결국 나는 초점을 맞추지 않고 늘어지게 상담을 했다고 상담수련생에게 쓴소리를 했다.

이후에 그 상담수련생은 내게 수퍼비전 받던 사례를 학교에서 사례수업에 내놓았다. 그리고 수업시간에 교수에게 쓸데없이 관여하지 않고 차분하게 잘 들어주었다는 칭찬을 많이 들었다고 한다. 그 교수는 상담수련생이 단기상담의 실제에서는 지지지향 상담을 해야 효과적이라는 판단을 내려주지 못하고, 고전적 형태의 통찰지향 상담 관점에서만 피드백을 해주었던 것이다. 아직도 단기상담이나 지지지향 상담의 목표나 전략에 대해서 잘 모르는 사람들이 태반이라는 것이다.

기민성이
떨어지는
안이한 태도

내담자들의 요구에 상담자들이 적절하게 부응하지 못한다는 불만이 이제는 심심치 않게 들려온다. 교육 수준이 높아진 우리 사회에서 이제 사람들은 누구나 자신의 권리나 영역을 중시한다. 더 이상 권위나 직급으로 다른 사람들을 억지로 따르게 할 수 없다.

전에는 사람들이 상담에 대해 잘 몰랐기 때문에, 내담자가 스스로 성장을 도모해야 한다고 상담자가 일러주면 해결책을 직접 받아갈 수 없음에 아쉬워하면서도 '그런가 보다'라고 여기곤 했다. 하지만 이제는 달라졌다. 자기가 원하는 상담을 해주지 않았다며 환불을 요구하는 사람들이 나타나기도 하는 실정이다.

상담을 받는 이유의 다양성

상담을 손쉽게 접하게 되면서 상담에 대한 내담자들의 요구도 이전과는 많이 달라졌다. 전에는 병리적인 증상을 치료하려는 사람들이 상담자를 찾았지만, 이제는 그때그때 자문이나 조언을 구하려는 사람들이 상담자를 찾곤 한다. 오늘날에는 상담자를 신종 '어른' 역할을 해주는 사람으로 인식하는 경향이 보인다는 것이다. 이런 모습이 보이는 것은 '어른의 실종'이라는 사회적 배경과 무관하지 않다.

핵가족화가 만연되면서 가까이 접할 수 있는 어른이 부재한 것이 현대 사회의 모습이다. 그 때문에 어려운 일에 봉착했을 때 딱히 상의할 대상이 없다. 이럴 때 상담료만 지불하면 별도의 예의를 갖출 필요 없이 어른을 대신해 줄 수 있는 상담자를 만날 수 있다.

어른 역할이란 것이 상품화된 것 같아 씁쓸하기는 하지만, 다른 한편 상담이 그만큼의 편이성을 제공해 줄 수 있다는 얘기가 된다. 상담이 일반인들의 일상생활에 도움을 줄 수 있는 도구로서 인식되기까지 몇몇 요인들이 원인으로 작용했다고 본다.

첫째, 경제적 측면에서 나아진 사람들이 신체적인 질환 못지않게 심리적인 고통에 관심을 갖게 되었다.

둘째, 사회가 무한경쟁시대에 돌입하면서 자살률 세계 1위가 될 정도로 우리나라 사람들이 느끼는 심리적 압박감은 그 어느 때보다 커졌다.

셋째, 사회복지제도의 발달로 상담과 심리치료 서비스를 다양한 기관에서 제공하면서 많은 사람들이 기회를 누리게 되었다.

넷째, 전문적인 것이 강조되는 시대에 인간관계 갈등은 상담자 전문 영역으로 세분화시켜 인식하기 시작했다.

이와 같은 변화로 이제 상담자들은 내담자가 원하는 것을 스펙트럼으로 분류할 줄 알아야 한다. 성격 변화와 같은 원대한 것을 기대하는지, 어린 시절의 성격 패턴과 현재의 인간관계 사이의 연관성을 이해하고자 하는지, 현재의 인간관계에서 원만하게 처신하는 것을 목표로 하는지, 코앞에 놓인 시급한 사안을 해결하고 싶은지, 아니면 부모를 대신할 의지처가 필요한 건지 등 내담자의 요구는 그야말로 다양하다.

그러나 많은 상담자들이 고전적인 형태의 치료 모델을 고수하며 어정쩡한 태도를 취하고 있다. 상담은 스스로 모색하도록 돕는 것이지 직접적인 충고나 조언을 하지 않는 것이라든지, 충분히 공감을 받으면 성장의 싹은 저절로 피어난다든지, 또는 그냥 들어주기만 하려는 모습 일색이다.

각기 다른 문제나 욕구를 가지고 오는 내담자를 충족시키기 위해 상담자는 이제 폭넓게 대응할 수 있는 역량을 키워야 한다. 내담자는 그때그때 필요할 때마다 도움을 얻으려는 경향을 보이기 때문에 상담자는 병리적인 증상을 치료하는 것 이상으로 생활 상담을 할 수 있어야 한다는 것이다.

첫 회기의 중요성에 대한 이해 부족

첫 회기에서 상담에 대한 사례 개념화를 어떻게 했느냐에 따라 상담의 성패가 좌우된다고 해도 과언이 아니다. 첫 회기에 상담자는 관계형성(라포)뿐만 아니라 내담자에 대한 윤곽을 잡아 전반적인 평가를 내릴 수 있어야 한다. 상담 초반에 이 모든 것들이 이루어져야 상담 계획을 제대로 잡을 수 있기 때문이다.

첫 회기에서 내담자에 대한 윤곽을 잡는다는 것은 호소하는 문제를 중심으로 언제부터 그런 일이 나타났는지, 문제를 일으킨 촉발의 계기는 무엇인지, 원래 가지고 있던 취약성이 어떤 것인지를 파악해 수긍할 수 있도록 엮어내는 일이다. 즉, 내담자에 대한 역동적 이해와 그것에 기초한 평가, 상담 계획, 상담 목표를 이루기 위한 전략과 전술이 모두 첫 회기에서 해내야 할 일들이다. 그래야 상담의 진척을 순조롭게 이어가며 탈락률을 대폭 줄일 수 있다.

안타깝게도 많은 상담자들이 첫 회기에서 일단 내담자가 충분히 말하도록 허용하는 경향을 보인다. 내담자가 자신의 이야기를 충분히 하도록 유도해서 답답한 마음이 시원해지도록 해주는 게 결코 해로운 일은 아니다. 그러나 첫 회기는 내담자가 망설이다가 더 이상 견디기 힘들어서 도움을 얻으려고 찾아온 경우가 대부분이다. 상담자는 이런 시기를 놓치지 않고 신속하게 사례 개념화를 이룩해야 한다. 내담자의 상태를 적나라하게 파악할 수 있는 시기는 사실 내담자가 더 이상 견디지 못하고 힘들어할 때다. 그 시기를 잘 활용하는 게 여러모로 효율적이기 때문이다.

만약 그 시기를 지나치고 다음에 파악하려고 들면 상담자를 처음 찾은 지 2~3주가 지난 뒤여서, 이미 문제가 표면 밑으로 가라앉아

버렸을 가능성이 크다. 그때는 내담자에 대한 파악이 그만큼 힘들어진다. 처음 올 때와는 달리 어느 정도 안정되고 가라앉은 상태라면 다시 상담자가 쑤석거리듯 살펴야 하는데, 이건 서로에게 힘들뿐만 아니라 효율적이지 않다. 내담자가 자신을 어느 정도 진정시킨 뒤이기 때문에 위신이나 수치심 등의 이유로 자신을 기꺼이 개방하려 하지 않을 것이다.

그렇다면 왜 많은 상담자들이 중요한 첫 회기를 내담자가 마음놓고 말하도록 놔두는 시간으로 할애할까? 그것은 다름 아닌 라포 형성 때문일 것이다. 내담자와 좋은 관계를 수립하기 위해, 상담자는 내담자가 하는 모든 말을 정성껏 들어준다는 인상을 남기려고 하는 것이다.

물론 관계형성이 상담 성과에 중요한 몫을 차지하는 것은 사실이다. 상담자가 아무리 좋은 말로 조언한다고 해도 좋은 관계를 수립하지 못하면 내담자가 상담자의 말을 받아들이지 않는다. 그러나 많은 상담자들이 착각하는 것 중의 하나가 상담자의 친절함이나 따뜻함만이 관계형성에 중요한 요인이 된다고 여긴다는 사실이다. 내담자가 친절함이나 따뜻함을 원하기도 하지만, 사실 그 이상으로 원하는 것은 상담자가 자신을 도울 수 있는 역량을 지녔다는 것에 대한 확신이다. 상담자에 대한 신뢰는 온정적인 차원 이상으로 전문성이 결정하는 것임을 분명히 알아야 한다. 관계형성은 정서적인 요인뿐만 아니라 이성적이면서도 전문적인 요인들이 크게 작용하는 것임을 간과해서는 안 된다는 것이다.

그럼에도 불구하고 아직도 많은 상담자들이 내담자가 정서적으로 안정을 느끼게 되면 문제는 저절로 해결될 것이라고 믿고 있다. 내담자가 자신의 문제를 침착하게 바라보고 자신에게 가장 합당한 선택을 스스로 할 것이라고 믿는다. 이런 것은 사람의 잠재력에 대한 과도한 믿음으로 낭만적인 이상을 꿈꾸는 것이 아닐까 생각한다. 상담자의 수용적인 태도에 안정을 찾는 사람이 없는 것은 아니겠지만, 실제 상담에서는 그 정도 단계에서 문제에 대한 해답을 저절로 얻어가는 사람은 매우 드물다.

대개의 일반인들은 상담자가 밝은 눈을 가지고 자신을 명확하게 비춰줄 뿐만 아니라, 내담자가 궤도에 오를 때까지 적극적으로 붙잡아주거나 인도해 주기를 기대한다. 그렇게 해야 가까스로 자신의 문제를 극복할 수 있기 때문이다. 내담자가 자신의 문제를 극복하기 위해서는 정서적으로 이해받는 수준 이상으로 그동안에 형성된 습성을 이겨내야만 한다는 것이다.

상담자는 내담자의 마음을 아무리 녹여준다 해도 인지적 이해만으로는 충분하지 않다는 것을 분명히 알았으면 한다. 좀 더 전문적이고 효율적인 작업을 위해 첫 회기부터 치밀한 작업에 착수해야 한다. 특히 첫 회기는 내담자에 대한 다양한 사실을 속속들이 밝혀볼 수 있는 절호의 시기라는 것을 잊지 않았으면 한다.

문화 변인에
대한
상담자들의 무지

상담이 활성화되면서 이제는 사설상담소 외의 공공기관에 근무하는 상담자들이 제법 많아졌다. 더불어 윗사람과의 불화를 호소하는 상담자들도 꽤 늘어났다. 상담센터를 만들어 상담자를 투입시켜 놓긴 했지만 상사들이 상담에 대한 이해 부족으로 무리한 요구를 하거나 엉뚱한 일을 시키려 한다는 것이다.

그런데 내막을 살펴보면, 윗선의 상사에 대해서만 비난할 일은 아닌 듯하다. 상부에서 상담기관을 설립할 때는 복지 차원의 서비스를 제공한다는 명분을 내세우지만, 내부적으로는 그렇게 순수할 수만은 없는 경우가 허다하다. 정치적인 차원의 정책일 수도 있고, 대외적인 회사 이미지를 고려한 정책일 수도 있고, 노조의 요청에 따른 것일 수도 있다. 학교의 경우에는 문제가 되는 학생들을 잘 살펴보고 학교생활 부적응자가 생기지 않도록 하는 것이 상담의 최우선 목적일 것이다.

소속기관에서의 처세 부족

많은 상담자들이 자기가 소속된 기관에서 어떤 것을 원하는지 이해하려는 노력이 부족하다. 그저 원칙적으로 내담자의 증상이나 호소하는 문제에만 초점을 맞춘다. 사실, 개인들의 심각한 문제는 공공기관에서 다루기가 곤란할 것이다. 그런 문제라면 개인적으로 사설기관을 찾아가서 도움을 받는 것이 마땅하다. 공공기관이란 소수의 사람을 위한 곳이라기보다 다양한 사람들에게 혜택을 주고자 하는 곳이기 때문에 상담자도 그 점에 어느 정도 부합해야 한다.

학교에 소속된 어느 상담교사가 교감을 비롯해 담임선생과 불화를 겪고 있었다. 학생인 내담자가 자살 운운해 상담을 맡았는데, 학교에서 자살소동이 벌어질까 봐 겁을 내었던 담임선생은 상담자에게 그 학생에 대한 정보를 알려달라고 했다. 하지만 상담자는 그것은 지켜주어야 할 비밀이라며 담임선생의 요청을 거절했다. 그러자 그것을 어이없어했던 담임은 교감에게 알렸고, 교감은 상담자에게 내담자에 대한 정보를 공유하라고 지시했다. 상담자는 자신의 수퍼바이저에게 이런 경우 어떻게 하느냐고 상의했는데, 수퍼바이저는 비밀보장은 상담 윤리에 해당한다며 거부하라고 일렀다.

이런 사태를 보고 나는 그런 엄격성은 사설상담소에서는 지켜질 수 있지만, 다른 기관에서는 유연하게 응대를 해야지 그렇게 하다가는 고립을 자초하는 격이 된다고 말했다. 세밀한 정보는 알려주지 않더라도 학생이 학교에서 사고를 치지 않도록 방지하는 차원에서 겉으로 드러내도 무방한 정도의 정보는 공유하면서 협동하는 자세를 취해야 한다고 일렀다.

다른 사례로, 회사의 상담센터에 근무하는 상담자 이야기가 있다. 피해의식을 지닌 내담자가 주위 사람들을 피곤하게 만드는 문제로 상담을 받았다. 인사 문제가 있을 때 그 사람에게 중책을 맡길 수 있는지 회사가 상담자에게 의견을 물어왔는데, 상담자는 회사에서 자기에게 그런 문의를 한다고 불쾌감을 드러냈다. 상담의 독립성을 보장해 주지 않는다고 항의했던 것이다. 그 후로 회사 발전에 협조적이지 않다며 몇몇 상사들은 이 상담자를 상대조차 하려고 하지 않았다. 상담자는 자기 딴에는 옳은 일을 했다고 자부했지만 회사에 근무하면서 고립되듯 어렵게 지냈다.

두 사례 모두 처세 부족이라고 말할 수밖에 달리 평가하기가 어렵다. 내담자를 위해 비밀 엄수를 해준다는 태도는 바람직하나 해당 기관에서 우선시하는 것이 무엇인지를 잘 살펴야 한다. 기관의 경우라면 개개인의 안녕보다는 전체적인 원활함이나 사고 방지가 우선적이기 때문에 기관의 목적에 어느 정도 부응해야 한다. 그러므로 상담자는 내담자에 대한 세세한 정보는 유출하지 않더라도 자신의 소견 정도는 알려주는 식으로 협조를 하는 것이 타당하다. 소속기관에서 원하는 일차적인 것이 무엇인지를 이해하고 예방 차원의 교육을 실시한다거나 기관에 맞는 별도의 노력을 기울이는 것이 바람직하다는 것이다.

월급을 받으며 무료상담을 실시하는 곳이라면 상담자는 두루두루 다양한 사람들을 만나게 된다는 점을 염두에 둬야 한다. 만약 내담자가 심각한 수준의 사람이라면 즉시 전문기관으로 의뢰하는 수순을 밟도록 권한다.

문화 차이에 대한 인식 부족

부적응의 문제는 기본적으로 그 사회의 관습이나 문화와 무관하지 않다. 아무리 내적 균형을 잘 잡고 있을지라도 자신의 주변과 조화를 이루지 못하거나 원만한 관계를 맺지 못하면 원만한 적응을 이루었다고 보기 어렵다.

따라서 상담자에게는 내담자가 놓여 있는 곳의 다양한 문화에 관해 깊은 이해가 필요하다. 이러한 이해를 기초로 하지 않으면 합당한 판단 기준을 마련하지 못해 내담자를 이해하는 데 한계가 있을 뿐 아니라 오히려 부적응을 부추길 수 있다.

더욱이 우리 사회도 이제 단일민족이라고 할 수만은 없다. 수많은 다문화 가정이 생겨나고 있고, 오히려 외국의 문화에 익숙해 있는 사람들이 부지기수다. 상담자도 각기 다른 문화에 눈을 뜨지 않으면 각양각색의 문화를 배경으로 한 내담자들을 적절하게 돕기 어렵다.

일단 접해 왔던 한국 문화에 대해서도 잘 살펴봐야 한다. 상담이란 원래 개인주의 사회의 가치에 뿌리를 둔 것이기 때문에 때로는 우리 사회의 집단주의 가치와 충돌하기도 한다. 이럴 때는 양쪽의 가치 중 하나를 택일할 게 아니라 그 둘을 잘 조화시켜 나가는 범위 내에서 상담자가 도와주는 것이 바람직하다. 그렇지 않으면 자칫 내담자를 곤란하게 만들 여지가 있다.

예를 들어, 직장에서 상사가 거친 말로 지시를 내렸을 때 자기도 무시할 것인지 아니면 윗사람이기 때문에 참을 것인지를 고민하는 내담자가 있다고 하자. 우리 사회는 아직 서열을 중시하는 문화가 있다는 점을 상담자가 간과해서는 안 된다. 만약 상담자가 내담자에게 자신의 솔직한 감정에 충실하라고 조언했다면 내담자는 많은 손해를 입을 수도 있다. 그렇다고 무조건 참으라고 했다가는 폭발할 우려도 있다. 따라서 공식적으로는 상사의 지시를 따르더라도 개별적으로 상사에게 가서 자신의 심정을 알려 상사도 조심할 수 있도록 절충안을 모색해 줘야 한다는 것이다.

또 다른 경우를 보자. 어린 남매간에 벌어진 근친상간 문제를 놓고 상담자가 가족 전원을 모아놓고 가족치료를 시행했다. 그 이후 가족관계는 와해될 정도로 더 나빠졌다. 수치심을 느낀 아들은 가출해 버렸고, 이런 사태에 충격을 받은 아버지는 술로 지새우게 됐다. 피해자인 딸은 죄인이 된 것처럼 더 위축됐고, 사태를 잘 해결하고자 가족치료를 시작했던 어머니는 황당해하고 말았다.

이 경우도 상담자가 성폭행이라는 사실만을 철저히 다루려 했지, 가족 구성원으로서 매일 얼굴을 맞대며 살아야 하는 가족의 실정을 간과했던 탓이 크다고 본다. 공개적으로 사과하고 용서하는 과정은 자칫 우리 사회에서 수치심이나 반항심과 같은 더 깊은 상처를 내고, 한국 특유의 깊은 혈연관계를 상하게 하고 말 우려가 있다.

집집마다 갈등을 빚고 있는 제례문화에 대해서도 상담자는 각별히 신중해야 한다. 종교 간의 갈등으로까지 비화되어 화합을 깨뜨리기 때문이다.

이외에도 다문화 가정이 늘어나면서 중도입국자들도 많아졌다. 한국의 문화에서는 예의라고 간주되는 것들이 다른 문화적 배경에서는 아무것도 아닌 경우가 허다하고, 그 반대인 경우도 많다. 문화적 배경이 다른 내담자를 맞이할 경우, 상담자는 그 사람의 문화에 대해 존중하는 태도로 재빨리 그쪽 문화에 대해 공부해 두는 것이 마땅한 배려라고 생각한다.

아직도 많은 상담자들이 문화 차이에 대해 민감하지 않을뿐더러 내담자를 위해 미리 살펴봐주는 배려심을 갖지 못한 듯하다. 물방울이 모여 바다를 이룬다고 이런 세심한 배려가 모여 상담자를 성장시키는 원동력이 될 것이라고 믿는다.

집단상담을
개인상담처럼
운영하는 실책

상담이 일반화됐다고는 하지만 누군가에게 자신을 개방한다는 것이 아직도 많은 사람들에게는 망설여지는 일이다. 이때는 다소 비켜서서 관찰하는 여유를 가질 수 있도록 집단상담이 일종의 대안이 될 수 있다. 더구나 심각한 질병보다 경미한 인간관계의 갈등이나 부적응을 보이는 사람들에게는 다른 사람의 사연을 목격하거나 접하는 것 자체가 큰 도움이 될 수 있다.

그런데 상담자들이 집단상담을 제대로 알고 개최하는가 하는 의문이 생길 정도로 부실하게 운영되는 것을 보곤 한다. 의외로 많은 상담자들이 사람들의 말을 대충 교통정리나 해주면 저절로 돌아가게 되어 있다고 여기는 것 같아 심히 우려가 된다.

집단상담에 대한 몰이해

개인상담이든 집단상담이든 원활한 인간관계를 간구하는 것은 같다. 그러나 목적은 같아도 접근 방식에 있어서 차이가 있다.

내담자는 보통 다른 사람에게 노출하고 싶지 않은 상처나 분노를 감추는 데 심적 에너지를 많이 소모한다. 그리하여 개인상담에서는 억압하는 데 쓰이는 심적 에너지를 줄여주기 위해 믿을 수 있는 상담자에게 가급적 자신을 솔직히 개방하도록 돕는다. 그렇게 하여 줄여준 심적 에너지는 현재를 살아가는 데 더 유용하게 쓰일 것이라고 전제하기 때문이다. 그리하여 내담자가 상담자를 믿고 자신을 개방할 수 있도록 상담자는 공감적인 태도를 취하는 데 주력한다.

그러나 집단상담에서는 보안상의 어려움 때문에 참여자들에게 솔직하게 자신의 상처나 치부를 드러내게 하는 데 한계가 있다. 집단상담자는 참여자에게 깊은 속사정을 말하게 하는 식의 수직적 개방보다 그때그때의 느낌이나 생각을 솔직히 말하는 식의 수평적 개방을 장려하는 편이다.

여기서 수평적 개방이라고 하는 것은 개인의 사적인 비밀스러운 내용을 나누는 것이 아니라 지금 여기에서 경험하는 정서나 사고를 나누도록 하는 것이다. 그렇게 함으로써 억압을 풀게 하기보다는 다른 사람에게 비춰지는 자신의 뒷모습을 깨닫고, 나아가 여러 사람들 앞에서 자신의 목소리를 내도록 연습시키는 것에 역점을 두고 진행한다.

개인상담과 집단상담의 차이를 조해리의 창(자각 모형)으로 설명해 보자, 개인상담에서는 각자의 비밀 영역을 없애주는 것에 치중해 자각 영역을 넓혀준다면, 집단상담에서는 각자의 맹점 영역을 없애도록 도와줌으로써 자각 영역을 확장시켜 나가는 것이다. 이렇게 현격한 차이가 있음에도 불구하고 많은 상담자들이 개인상담을 하듯이 집단상담에서도 공감적이거나 지지적 태도를 취한다. 그렇게 한다고 해서 해를 입히는 것은 아니지만 집단이라는 실체는 아무 때나 만들어지는 것이 아니다. 사회성을 기를 수 있는 모처럼 형성된 기회를 활용하지 못하고 그렇게 날려버리는 것은 너무나 아까운 일이다.

거듭 말하지만 상담자를 찾는 대부분의 사람들은 이제 일반인 수준의 사람들이다. 그러므로 이들이 원하는 인간관계 훈련이나 조언에 맞춰 상담의 내용도 변화를 줘야 한다고 본다. 이들은 자기 혼자서는 생활에 별 문제가 없는데, 급우들과 어떻게 해야 잘 지내는지, 동료들과 원만하게 지내려면 어떻게 해야 하는지 등을 몰라 곤란을 겪는 사람들이다. 이들이 원하는 것을 채워주기 위한 상담으로는 개인상담보다는 집단상담이 훨씬 더 적합하다.

상담자가 집단상담을 성공적으로 개최하려면, 집단상담의 목적에 맞춰 개인상담과는 다르게 좀 더 집중적인 훈련을 받아야 할 것이다. 나아가 집단상담의 강점을 충분히 활용할 수 있어야 한다.

집단상담에서는 개인상담보다 훨씬 많은 요인들이 역동적으로 작용한다. 그러므로 집단상담자는 상담자로서의 역할뿐만 아니라 집단 전체를 운영하는 경영자와도 같은 역할을 해야 한다. 그래서 미국에서는 집단상담을 고급 과정(advanced course)으로 취급하며, 어느 정도 상담을 익힌 후에 공부하게 한다.

이제 집단상담은 사람들이 개인상담에 비해 심리적 부담을 덜 느끼고 참석할 수 있는 것이 되었다. 외로움이나 고립이 특징인 현대 사회에서 인간관계를 강조하는 사회성을 익히는 데 좋은 수단으로서 집단상담이 환영받고 있다. 이런 것에 부응하고자 한다면, 상담자들은 집단상담의 가치를 제대로 인식하고 어떻게 하면 효과적으로 운영할 수 있을지에 대해 적극적으로 연구하고 노력해야 할 것이다.

현실역동상담을
피정에 적용하다

인보성체수도회 전미숙 수녀

가톨릭 수녀로서 청소년 사목을 하면서 상담의 필요성을 느끼고 상
담 공부를 시작했다. 그 무렵 장성숙 교수님을 만났고, 자연스럽게
현실역동상담을 접한 지 20여 년이란 세월이 지났다. 초기에 나는 주
로 청소년 상담을 했고, 대학 상담실에서도 상담했다. 상담을 하면서
는 내담자에 대해 정확하게 이해하려고 했으며, 문제 해결을 위한 방
향을 제시하고 내담자에게 도움을 주기 위해 노력했다. 그러다 피정
의 집을 운영하게 되면서 소그룹(10~15명) 피정 프로그램에 현실역동
상담을 접목시킨다면 효과가 있겠다는 생각을 가지게 되었다.

　피정이란 일상생활을 벗어나 성당이나 수도원 같은 곳에 가서 조
용히 자신을 살피며 지내는 가톨릭의 기도 형태. 즉 일상에서 쌓
인 긴장을 풀면서 거추장스런 것을 내려놓는 휴식시간이라고 생각

하면 될 것이다. 상담이 말로써 인간관계 갈등을 풀어주는 전문 영역이라면 피정은 자신을 조용히 성찰해 볼 수 있는 내면 작업이다. 어느 날 문득 피정과 상담이 만난다면 효과가 있겠다는 생각이 들었다. 영성과 인성이 균형을 이룬다면 삶의 질이 풍부해지리라는 믿음을 가지고 피정 프로그램에 현실역동상담을 적용시켜 보았다.

피정은 기도가 중심이 되고 사람 관계보다는 영적인 관계를 우선시하여 침묵 속에서 하느님의 뜻을 찾는 것이다. 한편 현실역동상담은 변화를 이루는 것이 목적이다. 외부 현실을 강조하고 역할을 중시하기 때문에 부모와 자녀의 관계 회복에 중점을 둔다. 대부분의 피정 참석자들은 좋은 말씀을 들으려는 목적으로 경청과 침묵의 자세만 가지고 오는데, 현실역동상담을 접목해 새로운 방법을 시도해 보았다. 자신이 주인공이 되어 현재 갈급한 문제를 자연스럽게 내놓게 한 것이다.

피정에서 내면의 이야기를 꺼내놓는다는 것은 생소한 일이었지만, 이야기를 하다 보면 비슷한 처지를 알게 되고 오랜 이웃이었지만 속내를 처음 들어보는 경우가 대부분이다. 자칫 지루해지고 심각해질 수 있는 피정에서 말을 하다 보면 상대방의 심정이 헤아려지고 생동감이 느껴지는 장으로 변해간다. 비록 신앙의 이름으로 모였지만 이야기가 전행되면서 구체적인 갈등 상황을 표현하고 자신의 위치에 맞게 솔직담백하게 반응하고 피드백하게 된다. 그러다 보면 각본 없는 드라마가 펼쳐지고 절묘하게 자신을 돌아볼 수 있는 계기가 된다. 이것은 각자가 이야기의 주인공이 되었기 때문에 가능한 일이다.

피정 지도자는 동기부여를 촉진시키며 각자의 이야기를 끌어내고, 참가자는 흥미를 가지고 적극적인 관심으로 참여하니 상호 피드백이 원활하여 실제적인 주제를 다룰 수 있다. 누구나 자기가 주인공이 될 때는 주도적이 되고 흥미를 가지게 마련이다. 아울러 서로 공감대가 형성될 때 마음을 읽어주고, 문제 해결을 위한 진지한 대목에서는 재미와 경탄이 터져나온다.

정식 집단상담으로 진행되기엔 짧은 회기라서 표면적으로 드러나는 이야기가 빙산의 일각에 불과할 수는 있다. 그렇지만 자신의 감정이나 생각을 말하고 다른 사람에게 자신이 어떻게 비쳐지는지 알아가는 소중한 체험이 되는 것은 틀림없는 사실이다. 아무리 기도하는 신앙인이라고 해도 세상 살아가는 방법을 모색하고 실질적인 방안을 다룰 때는 관심이 커지고, 역동적인 생생함으로 활기를 느낄 수 있다.

현실역동상담이 접목된 피정 속에서 사람들은 타인에게 그때그때 자신의 느낌이나 생각을 솔직하게 일러 주고 말을 자꾸 해보는 시도를 함으로써 자신감을 가지게 된다는 확신이 들었다. 또 주위 사람과 소통을 통해 원활하게 살도록 사회성을 촉진시켜 주는 연습을 하다 보면 영적 성장을 이루는 데 큰 도움이 된다는 확신이 들었다. 현실역동상담이 영성을 만나 내부 세계는 자기를 성찰하게 하고 외부 현실에서는 세상을 보는 안목을 키워나갈 수 있으니, 이 또한 자기 성장을 위한 길이 된다고 보고 있다.

4장

상담이 지닌
변색될 수 없는 가치

실질적인
자기이해를
돕는 상담

심리상담 분야가 적지 않은 문제들을 지니고 있지만, 그럼에도 불구하고 심리상담은 우리 삶과 떼어놓을 수 없는 엄청난 의미를 지닌 분야임에 틀림없다. 이렇게 단언할 수 있는 것은 사람은 누구나 좀 더 사람답게 살아가기 위해 노력하며, 자신을 이해하고 사람을 이해하고 싶어 하기 때문이다.

이러한 추구는 '나는 누구인가' 하는 의문에서 시작해 철학적 사유로, 때로는 종교적 귀의로 확대되어 이어져왔다. 하지만 그러한 질문은 너무 근원적이기 때문인지 오랜 시간이 흐르도록 충분히 해소되지 않았다. 아마 너무 원대해서 관념적으로 흐르거나 아니면 교학(敎學)적으로 흘렀기 때문이 아닐까 싶다.

일반인 수준에서는 '나는 누구인가'에 대한 물음에 심리상담 분야가 실질적인 도움을 줄 수 있고, 사람에 대한 이해 또한 도울 수 있다고 본다. 초기에는 심리상담이 부적응적 문제에 초점을 두었지만, 점차 사람들은 심리상담을 증상에 대한 극복뿐만 아니라 관계상의 문제를 해결하는 자문 도구로 여기기 시작했다. 오늘날 심리상담은 사람들에게 가장 친숙한 도구 중 하나로 오히려 종교보다 가까이 자리매김하고 있는 추세다.

자기이해에 대한 욕구

사람은 그저 배불리 먹고 사는 정도의 생활에 만족하지 않고 좀 더 나은 생활을 꿈꾸는 존재다. 이런 점에서 동물과 차이점을 보인다고 하는데, 바로 그 차이 때문에 사람은 더 불안을 느끼는지도 모른다.

그냥 주어지는 대로 순응하며 살지 않고 좀 더 안정된 생활을 원하는 의식 구조에서 보면 우리의 삶은 위태로운 것일 수밖에 없다. 이 상태에서 생겨나는 불안은 삶이란 무엇인지, '나'라는 존재가 어떤 것인지에 대해 필연적으로 의구심을 가질 수밖에 없다.

인류는 그런 불안이나 의구심을 풀고자 철학을 넘어 종교를 발달시키기도 하고, 그것에 의지해 안정을 꾀하는 시도를 오래전부터 해왔다. 하지만 종교를 통해 평화나 조화를 이룩하기보다 도리어 인권을 억압당하는 암흑 시기를 맞이했던 것도 부인할 수 없는 사실이다.

꼭 종교에 대한 반발 때문이라고는 말할 수 없지만 맹목적인 믿음에 대한 반대편에서 과학이 눈부시게 발전하기 시작했다. 오늘날 거의 대부분의 사람들이 신봉하고 있는 과학은 유물론에 기초한 하나의 조류로서 유신론과는 현격하게 다르다. 삶의 주체인 인간을 연구하는 철학과는 달리 삶이 이뤄지는 환경을 연구 대상으로 삼는 과학은 사실 철학에 비해 낮게 취급되는 형이하학적인 것이었다.

하지만 오늘날 과학은 타의 추종을 불허할 정도로 막강한 세력을 지니고 있다. 코페르니쿠스가 주장한 물리학에서의 지동설이나 다윈이 주장한 생물학에서의 진화론에 이어 프로이트의 무의식적 세력에 대한 주장이 제기된 이후, 사람들의 의식은 무서울 정도로 변화되었다. 이제 더 이상 사람들은 지구를 우주의 중심이라고 생각하지도 않고 인간을 신의 특혜를 받는 종(種)이라고 생각하지도 않는다.

과학이 발전하면서 많은 사람들이 자유롭고 풍요로운 삶을 꿈꾸었지만, 아이러니하게도 정신적으로는 더 피폐해져가고 있다. 과학이 물질적 이기는 더해주고 있지만, 우리가 생활 속에서 부딪치는 문제들을 이해하고 풀어가는 데는 그다지 도움을 주지 못하고 있다. 우리는 잘 살아가기 위해 물질적인 풍요뿐만 아니라 원만하고 행복하게 주변과의 조화를 이뤄야 하기 때문이다.

과학은 속도와 경쟁을 주축으로 한다. 그로 인해 남보다 민첩해야 하고 우수해야 뒤처지지 않는다는 풍토가 생겨났다. 이런 흐름에서는 우열이 나뉘고, 결과적으로 양쪽 다 힘들어진다. 월등한 자는 월등한 대로 그 위치를 놓치지 않으려고 안간힘을 쓰게 마련이고, 열등한 자는 열등한 대로 자괴감에 신음하기 때문이다.

정신적으로 취약한 사람은 어느 시대에나 있었겠지만, 경쟁이 일상화된 현대 사회에는 그 숫자가 엄청나게 많아지고 있다. 사람들은 이제 막연히 '나는 누구인가' 하는 질문이 아니라 좀 더 구체적이고 실질적인 차원의 자기이해에 목말라하게 되었다.

사람들은 왜 자신이 이렇게 허덕이며 살아야 하는지, 지친 마음을 달래기 위해 자신에게 필요한 것은 무엇인지, 무엇 때문에 주위 사람들과 어울리지 못하는지 등의 의문을 절박하게 던지고 있다. 이러한 의문은 사변적이거나 초월적인 것이 아니라 지금 당장 현실 속에서 좀 더 원활하게 살고자 하는 소박하면서도 절실한 필요에 따른 것이다.

애초에 상담이라는 것도 철학적인 것에서 출발했다기보다 치료적인 필요에 따라 시작되었다.

고대에서 18세기 초에 이르기까지 서구에서는 모든 현상을 신에게 결부시켜 이해하는 신본주의가 우세했다. 이상한 언행을 하는 자를 악령에게 침범당했다고 보는 식이었다. 그러나 18세기 중기에는 지나치게 비대해진 교회의 만행에 대한 반발과 함께 과학이 득세해 신본주의는 과학주의로 대치됐다. 이러한 흐름 안에서 질병의 이유를 자연물인 별과 연결시키고 자장력을 지닌 치료자가 작업하는 자장치료가 나타났다. 다시 19세기 초에는 질병의 원인은 다름 아닌 본인의 경험 때문이라고 여기고 무의식화된 기억에 영향을 주어 증상을 개선하고자 하는 최면치료가 등장했다. 그러다 19세기 중기에 점차 환자가 경험을 토로하도록 유도하는 것을 강조하는 정화치료(catharsis therapy)가 나타났다. 오늘날 우리가 상담의 원조라고 하는 대화요법(talking cure)의 개념이 브로이어(Breuer)에 의해 1885년에 소개된 것이다.

그러다 20세기에 다가갈 무렵에 굳이 최면을 걸지 않아도 환자의 무의식에 접근할 수 있는 방법을 발견한 사람이 프로이트(Freud)였다. 자유연상기법이나 꿈 분석을 통해 환자의 망각된 내용을 살펴볼 수 있을 뿐만 아니라, 증상을 일으키는 이유를 실제적인 경험에 한정시키지 않고 백일몽이나 용납할 수 없는 소망 등도 포함된다고 여겼다. 오늘날 우리가 현대 심리치료의 원류라고 여기는 정신분석이 그렇게 1897년에 확립됐다.

증상에 대한 치료에서 시작된 상담은 오늘날 사람들에게 관념적이거나 추상적인 차원의 자기이해보다 실생활에 유용한 차원의 자기이해 해결방안 모색에 도움을 주는 것으로 간주되고 있다. 실생활에 구체적인 도움을 주는 수단으로 상담이란 영역은 이제 사람들 가까이에 자리잡고 있다.

재양육인
관계체험을
시키는 상담

심리상담이 실용적 가치를 지닌 것으로 간주되는 또 다른 이유는 관계에 대한 체험을 제공하기 때문이다. 이것은 상담의 실천적 측면을 강조하는 것과 관련해 있다.

내담자들이 표출하는 대부분의 문제는 인간관계상의 갈등에서 야기된 것들이다. 현 시점에서 가까이 접하는 사람들, 즉 가족이든 상사이든 측근 사람들과의 불화를 겪고 있다. 어떤 취약성 때문에 측근 사람들과 불화를 빚는지 살펴보면 공통적으로 발견되는 것이 안정된 성장 과정을 거치지 못했다는 사실이다. 그들이 각기 다른 성향의 사람들과 만났을 때, 유연하게 넘어가지 못하고 탁탁 걸려 불편해하거나 불화를 빚는 것은 대개의 경우 일찍이 가족 내에서 건강한 애착 관계를 형성하지 못한 배경이 원인으로 작용하는 것이다.

이런 상황의 내담자를 돕는 것으로는 크게 두 가지가 있다. 하나는 사람들과 원만하게 지내는 것의 가치와 방법을 납득하고 본인 스스로 결심하여 실행에 옮기도록 일러주는 인지적 차원의 지도이고, 다른 하나는 내담자가 상담자와 주거니 받거니 대화하는 과정을 통해 취약한 애착관계를 보완하도록 하는 것이다. 이 중 후자는 '재양육' 과정이라는 실제 경험을 통해 이뤄지는 관계체험이다.

심리상담에서는 인식 차원을 넘어 관계체험을 상담의 본질이라고 여긴다. 이것이 바로 다른 분야와 차별을 보이는 점이다. 내담자가 마음을 정화하거나 통찰을 이룩하도록 상담자가 공감해 주거나 분석해 주는 것과 같은 작업은 어디까지나 외견상 드러나는 작업이라고 여긴다. 더 중요한 것은 상호작용을 하는 과정에서 다시금 크고 단단해지는 것이다.

예전의 대가족 속에서는 부모의 손길이 미처 닿지 않아도 그 빈 구석을 조부모나 고모 또는 삼촌이 메워주기도 했다. 하지만 핵가족을 이루고 사는 오늘날에는 부모가 충분히 보살펴주지 않으면 그 피해를 자녀가 고스란히 받을 수밖에 없다.

오늘날 일반적인 가정의 경우 거의 모든 남편들과 부인들이 직장생활을 한다. 부모가 이혼을 했거나 맞벌이라면 자녀를 살뜰하게 살펴주지 못하고 아이들은 조부모나 타인의 손에 맡겨져 부모 슬하에서의 안정감을 느끼지 못한 채 자라는 경우가 많다. 이러한 아이들의 특징은 단단하지 못한 취약성에 있는데, 이들은 과도한 경쟁에 노출되면 버티지 못하고 무너지기 십상이다.

이런 배경을 가지고 상담자를 찾을 경우, 내담자는 자신의 말에 관심을 가져주는 상담자에게 든든함이나 안도감을 느끼기 마련이다. 자신의 취약성이 부모와의 긴밀한 관계를 수립하지 못했던 점에서 비롯한 것임을 깨달으면 내담자는 상담자를 대리부모처럼 삼고서라도 다시금 성장하고 싶은 바람을 갖게 된다.

　상담 과정을 통해 내담자는 대화하는 즐거움을 체험하거나 다른 사람과 주거니 받거니 하며 소통하는 기술을 익힌다. 또 결정적으로 사람에 대한 소중함을 알게 된다. 자기와 똑같은 '사람'이라는 대상과 교류하는 것이 얼마나 안정감을 주며 삶을 윤택하게 하는지 깨닫는 것이다. 이것은 살아가는 데 있어서 가장 중요한 골격이다. 심리상담에서는 본질적으로 이러한 관계의 체험을 가능하게 해준다.

　상담을 오랫동안 지속하고 있는 내담자들에게 뭣 때문에 그렇게 오랫동안 상담을 받느냐고 물어봤다. 조금씩 표현은 달랐지만, 그들이 답하는 요지는 분명했다. 일찍이 부모와의 관계에서 이룩하지 못한 성장을 뒤늦게 상담자와의 관계를 통해서라도 도모하고 싶다고 했다.

　사실, 내담자들이 상담자와의 관계를 통해 원하는 것은 '재양육'과 같은 것이다. 실제 부모와는 내적 성장에 필요한 양분, 즉 중심을 잡는 데 필요한 정서적 안정이나 사회생활을 영위하는 데 기초가 되는 가정교육을 받지 못했기 때문에 상담에서 그것을 채우고 싶다는 말이다. 그리고 바로 심리상담이 그것을 제공할 수 있는 제도적인 장치가 될 수 있다고 본다.

치료를 넘어 실생활의 길라잡이인 상담

예전에는 집안에 정신질환자가 생겨도 그들의 증상을 확실하게 가라앉히는 방법을 몰라 이리저리 수단을 강구하곤 했다. 미신적인 방법부터 충격을 가하는 전기요법 등 다양한 방법을 동원해 오다 정신분석에서 주장하는 학설이 제법 정석으로 받아들여졌다. 이때부터 상처의 경험에 기인한 무의식화된 응어리가 원인으로 주목받았고, 많은 사람들이 그런 무의식적 세력을 의식화해서 퇴치하려는 노력을 하고 있다.

그러나 무의식적인 동기를 이해한다는 것이 모호하기도 하고 끝이 없는 작업이므로 정신분석적 치료는 시간이 흐를수록 더 심오해지는 방향으로 흐르고 말았다. 프로이트가 치료하던 때보다 후대의 치료자들은 더 깊이 있는 통찰을 목표로 더 장기적인 치료를 시도하게 된 것이다. 그러자 정신분석은 돈과 시간과 노력이 있어야 할 수 있는, 여유 있는 자들에게나 적용되는 것으로 범위가 줄어들었다.

1940년대부터는 증상을 완화하는 향정신성 의약품의 비약적인 발전으로 약품의 치료 성과가 입증되기 시작하자, 많은 정신과 의사들이 치료 성과가 더디게 나타나는 정신분석보다 약 처방을 선호하는 쪽으로 방향을 틀었다. 이러한 방향 전환을 가속화시킨 또 다른 이유는 약물치료에 대해 보험 처리가 쉬워졌다는 것에 있다.

때마침 현대 상담 이론의 대부 격인 정신분석에서도 극소수의 사람들만이 정신분석을 접할 수 있다는 사실에 회의를 품기 시작했다. 통찰지향의 치료에 국한할 것이 아니라 증상이나 문제를 해결하는 지지지향의 치료도 펼쳐야 한다며 치료의 유연성을 강조했다.

이런 주장이 정신분석을 변질시킨다는 저항에 부딪쳤음에도 불구하고, 오늘날에는 오히려 통찰치료의 유형보다 지지치료의 유형이 대세를 이루고 있다. 이제는 깊이 있는 통찰을 추구하는 고전적 형태의 정신분석을 받고자 하는 사람이 극소수에 불과하다. 대부분의 사람들이 그때그때 닥친 사안을 해결하는 지지치료를 선호하는 편이다.

사실 약물치료를 받을 정도로 상태가 심각한 사람들은 애초부터 통찰치료를 받기에는 적합하지 않다. 게다가 약물치료는 대증(對症)요법이기 때문에, 약물치료를 받는 환자들도 자신의 문제에 대한 이해와 더불어 코칭이나 자문을 받을 수 있는 지지치료 형태의 상담을 병행하는 편이다.

깊이 있는 치료를 더 이상 하지 못하고 약물치료를 받는 환자들이 병행하는 심리치료가 지지치료라고 하여 이것을 표피적인 치료법이라고 여기면 오산이다. 심리적인 해결을 넘어서 현실로 복귀시키는 것이니만큼 훨씬 더 실질적이다. 심리상담이 환자들에게 도움을 주려면 광범위할 뿐만 아니라 복잡다단한 사안을 다뤄야 하기 때문에 오히려 지지치료 형태의 상담은 거의 무한대에 가까운 영역이라 할 만큼 어렵다고 볼 수 있다.

인성교육에 최적인 상담

주위 사람들과 원만하게 지낸다는 것은 단지 기술상의 문제가 아니라 인성과 관련한 문제다. 목적이 있는 만남은 한시적인 것으로 당분간만 조심하면 되지만, 일상을 같이 하는 측근 사람들과의 만남에서는 본래의 자기 성격을 숨기기 어렵기 때문이다.

결국 원만한 적응을 위해서는 잘못된 언행을 삼가는 것은 물론 인성을 바로잡지 않으면 안 된다. 하지만 한 번 습성화된 태도나 인성은 원래의 패턴대로 돌아가는 탄성을 가지고 있어 좀처럼 바뀌지 않는다. 이러한 습성은 일찍 형성된 것일수록 변하기 어렵다.

뭐든지 속도감 있게 처리하는 것을 중시하는 현대인인 만큼 해결방안에 역점을 두는 단기상담을 사람들은 선호하고 있다. 하지만 당장 급한 불은 껐어도 기본 태도가 변하지 않는 이상 문제는 여전히 반복되기 일쑤다. 그리하여 좀 더 근본적인 대책을 강구하는 사람들은 문제해결 정도에 만족하지 않고 자신의 성장을 모색한다.

뿐만 아니라 어느 정도 경제적 기반과 아울러 문화생활을 하는 사람들은 정신적이거나 내면적인 가치에 눈을 돌린다. 이러한 요구에 부합되는 것들 중 가장 실질적인 것이 다름 아닌 심리상담이라고 본다. 종교는 너무 광대하게 비칠 수 있고 인문학이나 철학은 너무 관념적으로 비칠 수 있는 반면, 심리상담은 개별맞춤식의 코칭이나 멘토링으로 여겨지기 때문이다.

상담을 오랫동안 지속하는 내담자들은 어릴 적 부모와의 관계에서 이루지 못한 성장을 뒤늦게 상담자와의 관계를 통해서라도 이루려고 한다. 사람은 어느 정도 살 만하면 다음으로 삶의 질을 욕심내는데, 그러한 요구에 심리상담은 적격이다.

핵가족을 이루고 사는 오늘날에는 부모가 충분한 보살핌을 주지 않으면 그 피해를 자녀가 고스란히 받는다. 많은 부모들이 맞벌이를 하느라 자녀를 돌볼 시간을 확보하지 못하고 다른 사람의 손에 맡기거나, 서로 뜻이 맞지 않아 갈등하거나 헤어지는 부부가 부지기수다. 의외로 많은 청소년들이 충분한 보호를 받으며 탄탄하게 자라지 못하고 그저 경쟁에 내몰려 취약하게 자라기 일쑤다. 그러니 쉽게 무너지거나 과도하게 스트레스를 느끼는 아이들은 그만큼 많을 수밖에 없다.

당면한 갈등이나 문제를 해결하려고 상담자를 찾아가는 사람들은, 누군가에게 하소연을 하고 또 자신의 말에 관심을 가져주는 경험을 함으로써 전에 맛보지 못한 든든함이나 안도감을 느낀다. 일찍이 부모와의 관계에서 경험했어야 할 바로 그것이다. 그만큼 세상에 대한 불안이나 두려움이 크다는 것이다.

어떤 이유에서든 부모와 건강한 관계를 수립하지 못했던 자신이 여러모로 취약하다는 점을 알게 되면, 상담자를 대리부모처럼 삼고서라도 다시금 성장하려는 바람을 품는다. 상담은 바로 이런 과정을 채워줄 수 있는 역할을 한다고 본다.

상담자를 믿고 따르면서 내담자는 말하는 즐거움을 체험하고 남의 말을 귀담아듣는 경청 훈련을 하고, 나아가 소통하는 기술을 익히는 과정을 겪는다. 중요한 것은 물질이 아니라 함께 하는 사람이며, 윤택한 삶의 가치는 어떤 것인지를 깨닫게 된다. 이러한 까닭에 상담을 통해 재양육의 과정을 밟는다는 표현을 쓰는 것이다.

관계에 필요한
소통을
촉진시키는 상담

컴퓨터에 하드웨어와 소프트웨어가 있듯이, 삶을 원활하게 이끌어
가기 위해서는 물질적인 것과 정신적인 것의 조화를 이뤄야 한다.
춥고 배고픈 현실에서는 일단 배불리 먹고 따뜻한 거처가 있는 것
이 중요하지만, 그것을 어느 정도 해소하면 따뜻한 눈길이나 손길
을 필요로 한다. 사람은 사회적 존재라서 가족을 비롯해 급우, 동료,
친지 등 다른 사람들과 어울려 살고픈 욕구를 가진다.

정신분석에 따르면, 사람이란 욕구의 존재로 태어나서 생존하기
위해 반드시 환경과 교감하는 자아를 발달시킨다. 사람답게 살기 위
해서는 생존을 위해 주위의 도움을 받는 것은 물론 타협을 할 줄 알
아야 한다. 그러면 주위의 도움을 얻고 타협을 이루는 방법을 어떻
게 취득할 수 있을까? 바로 어머니를 비롯한 가족과의 관계를 통해

방법을 터득한다고 본다. 자립하기 전까지는 양육자와 탄탄한 애착 관계를 통해 보호를 받는 동시에 살아가는 데 기본이 되는 신뢰감을 익히게 된다. 다른 한편, 한정된 부모라는 자원을 놓고 형제 간에 경쟁하고 타협하고 협동하는 기술을 익히는 과정을 겪기도 한다.

오늘날 물질적 풍요와 함께 사람들은 그 풍요를 더해가기 위해 너무 분주하다. 아이러니하게도 그럴수록 오히려 외로움의 성이라는 최악의 상황에 갇히는 꼴이 돼가고 있다. 이제 거의 모든 사람들이 욕망을 한껏 부추긴 현대 사회의 조류에 휘말려 다들 경제활동을 하기에 여념이 없다. 가장 정성을 들여야 하는 자녀 양육도 제대로 하지 못할 만큼 바쁘다. 어려서는 어린이집에 맡기고, 학교에 다니면서부터는 학원으로 돌리며 내몰듯 키운다.

한국 부모의 학업에 대한 열정은 여전히 대단하다. 조기교육이라는 이름 아래 어려서부터 자녀를 학원에 보낸다. 한참 자라야 할 사춘기에는 밤잠을 줄여가며 공부에 매달리듯 지내야 하고, 치열한 입시경쟁을 치르며 대학교에 진학한다. 대학교를 졸업해도 취업관문을 뚫어야 하는데, 마침내 취직을 했다고 해서 고달픈 경쟁에서 빠져나오는 것도 아니다. 사회인으로서 업무 성과를 올려야 하는 부담을 또 떠맡게 된다. 본격적인 경쟁 구도 안에 들어서는 것이다. 여성 중에는 그 상황을 피해 결혼으로 도피하는 사람도 있겠지만, 결국 결혼 후에도 다른 사람들보다 처지지 않으려고 끊임없이 경쟁한다.

경쟁에 치이면서 늘 뒷전으로 밀려나는 것이 인성교육이다. 그 결과 어떻게 하면 원만한 인간관계를 맺을 수 있는지 모른 채 서투

르다는 이유로 피해 버리거나 삐걱거리면서 고생하기 일쑤다. 늘 남보다 앞서야 하는 상태에 노출되어 지냈기 때문에 상대를 배려하거나 양보할 줄 모르고 혼자 있는 것을 가장 편하게 여기는 편이다.

예전에는 늘 남과 함께 있으려 하지 말고 혼자 있을 줄도 알아야 한다고 가르쳤다. 하지만 오늘날에는 그 반대다. 혼자 있으려 하지 말고 가급적 사람들과 함께 지내려고 애써야 한다고 가르칠 정도로 사람들이 가장 어려워하는 것이 다름아닌 관계다. 능력을 키우는 것에만 치중해 사람들과 관계하는 기술을 익히지 못한 결과다.

심리상담은 관계학이라고 불러도 과언이 아닐 정도로 관계를 다루는 분야다. 관계에 어려움을 겪는 사람들이 도움을 청할 수 있는 곳이 이제는 상담소다.

상담자는 내담자를 만나면 일단 공감적이고 지지적인 반응을 보이며 라포를 맺으려고 노력한다. 내담자가 두려움 없이 상담자에게 자신을 개방하도록 돕는 것이다. 이 과정에서 내담자는 비로소 상대방과 주거니 받거니 하는 상호작용을 하며, 자신을 남에게 이해시키고 또 대상의 말을 듣고 반응하는 몸짓을 익힌다.

상담에서 상호작용이 원만해지면, 그것을 밖으로 적용해 일반화할 수 있도록 돕는다. 과학이 첨단화에 쏠리는 동안 현대인들에게 가장 결핍돼 버린 것이 인간관계의 기술이 되고 말았다. 이러한 현대인에게 사람에 대한 맛을 느끼게 하고, 소통하는 기쁨을 일깨워주는 것이 바로 상담의 영역이다.

말이 지닌 힘

눈만 뜨면 누구나 하는 것이 말이다. 그렇지만 말이 지닌 효능과 가치를 제대로 아는 사람이 과연 몇이나 될까하는 의문을 가져본다. 상담은 말로 시작해 말로 끝나는 작업으로, 전적으로 말의 효능을 빌리는 작업이기 때문이다.

상담자로서 나는 내담자들의 답답한 상황에 관한 이야기를 주로 듣는다. 희한하게도 그들이 자신의 상황을 잘 말할 수 있도록 도와주면 상당 부분 정리를 잘 하곤 한다. 내담자가 자신의 딜레마 상황을 혼자 풀지 못해 조언을 구하기도 하지만, 내담자가 상담자와 소통하는 가운데 어느 정도까지는 맺힌 감정을 스스로 풀거나 정리해 나가기 때문이다. 상담자가 굳이 해결방안을 모색해 주지 않아도 스스로 정리할 수 있는 것은 말 자체가 지닌 효능 때문일 것이다.

상담이란 다른 무엇보다 말이 지닌 힘을 최대한 발현시키는 작업이다. 말을 하는 덕분에 사람이 만물의 영장이 될 수 있었는지 모른다. 말이란 것은 논리를 기반으로 하기 때문에 우리는 '사고'할 수 있게 되었다고 볼 수 있다. 나아가 우리는 언어의 형태로 대상을 인식하고 저장하고 인출하는 등 거의 모든 것을 말에 의지해 살아간다. 언어로 정교화시킬 수 없는 사고는 일종의 덩어리에 불과하다.

상담자를 찾아오는 내담자 중에는 자신의 복잡한 심경을 잘 설명하는 사람들도 있지만, 대부분은 혼란스러운 상태를 호소하기 일쑤다. 그 혼란이 무엇인지를 자꾸 초점화시켜 가다 보면 내담자는 뭔가 선명해지는 과정을 겪으며 어떤 연유에서 그렇게 되었는지 점차 알아간다. 상담자가 묻거나 강조하는 것에 내담자가 주력하는 사이에 자신의 뒤엉킨 상태를 언어화하는 작업을 하기 때문이다.

상담에서 발휘되는 말의 힘을 몇 가지로 분류해 보았다. 편의상 나눈 것이라 임의적이고 중첩되는 면이 있긴 하지만, 말의 위력에 대해 다시금 눈 뜨는 데 도움이 되리라 믿는다.

첫째, 사람은 말을 함으로써 뒤엉킨 상태가 정리된다. 말을 일단 꺼내서 이어가다 보면 논리적으로 정리하는 수순을 거치기 때문이다. 말을 나눌 대상이 없을 경우에는 독백식의 일기를 쓰는 것도 혼란의 가닥을 잡는 데 도움이 된다.

둘째, 말을 하면 속이 풀리는 경험을 한다. 말은 발산 내지는 환기의 기능을 지녔기 때문에 정화를 시켜준다. 그렇기 때문에 정신분석의 출현 이전에는 정화치료라는 것이 나타나기도 했다.

셋째, 말은 자신감과 깊은 관련이 있다. 자신이 느끼는 감정이나 생각이 타당한지 여부는 표현을 통해 승인을 받는 과정에서 확인된다. 다른 사람이 동조를 해주면 합당한 것으로 인식하고, 동조하지 않으면 합당하지 않은 것으로 여긴다. 그러므로 자신감을 증진시키는 첩경은 말을 자꾸 해보는 것이다.

넷째, 말을 통해 친밀감을 형성한다. 풍요로운 삶을 위해서는 필히 관계가 필요한데, 관계를 가능하게 해주는 밑거름은 다름 아닌 말이다. 말을 나눔으로써 상대와 관계가 시작되고, 이러한 과정을 통해 점차 소통의 기술을 익힌다.

이런 말이 지닌 효능을 발견하고 나서야 비로소 나는 상담이란 어떤 것인지에 대해 한층 명료한 설명을 하게 되었다. 사실, 내담자들의 호소 문제는 그것이 어떤 것이든 간에 일종의 분노에 기인한다. 그렇게 보는 이유는 내담자가 일찍이 생존하는 데 그리 쾌적하지 않았거나 안전하지 못했던 상황에 대해 불만을 품었고, 거기에서 분노나 불안을 야기시키고 있기 때문이다. 그러므로 상담자는 내담자가 호소하는 문제의 뿌리를 찾아나갈 때, 이미 정해져 있는 분노라는 답을 놓고 그 과정을 차분하게 역순으로 밝혀나가면 된다.

많은 내담자들이 자신의 문제가 어디에 원인을 두고 있는지 알고 난 후에 이제 어떻게 하면 되느냐고 단도직입적으로 묻곤 한다. 이럴 때 나는, 상담자를 상대로 자꾸 말하는 과정을 거치다 보면 좋아질 것이라고 간단명료하게 말한다. 우리가 살아가는 데 가장 중요한 것이 자신을 있는 그대로 인정하고 당당하게 앞으로 나가는 것이다. 그것은 말하는 과정에서 취득할 수 있다고 본다. 다시 말해, 상담에서 중시하는 골격은 '모든 문제는 분노라는 뿌리에 기인한 것이고, 문제를 풀어가는 방법은 대화를 원활하게 하는 것'이다.

대화 연습에 대한 최적지

굳이 학술적인 근거를 들이대지 않더라도 관계의 질이 행복을 결정하는 주요 요인이라는 사실을 웬만한 사람들은 거의 다 인정한다. 아무리 많은 것을 이루었어도 서로 아껴주고 따르는 사람들이 주위에 없으면 그런 삶은 성공적이라고 보기 어렵다. 아무리 자연을 사랑하거나 좋은 취미생활을 할지라도 사람인 이상 말이 통하는 사람과의 관계가 그 어느 것보다 우위에 있다.

'통한다'는 것을 꼭 사람에게만 한정할 필요 없이 동물이나 식물과도 얼마든지 통할 수 있을 것이다. 하지만 다름 아닌 말이 통하는 사람과의 소통보다 뛰어난 것은 없다고 본다. 말이 통할 때의 교감은 그 어떤 것보다 풍부하고 재미있다.

말이 통하려면 잘 말할 줄 알아야 하고 또 잘 알아들을 줄 알아야 한다. 하지만 의외로 사람들이 그러한 대화를 어떻게 해야 할지 잘 알지 못하는 것 같다. 말 한마디에 천 냥 빚을 갚는다며 말의 중요성을 일러주어도, 많은 사람들이 침묵은 금이라는 식으로 적절히 말하지 못하는 자신을 합리화하기도 한다. '침묵은 금'이란 어구는 실천하지 않고 말만 앞세우는 사람들을 지탄하는 말인데, 그런 말로 자신을 방어하는 것은 이미 시대에 뒤처진 태도다.

관계에 서툴기 때문에 본의 아니게 무심한 듯이 또는 화난 듯이 말을 아끼고 있는 사람들에게 가장 필요한 것은 말하는 기술과 남의 말을 잘 듣는 기술이다. 그런데 이러한 기술은 안전한 관계에서 자주 소통하는 과정을 통해 얻어진 연습의 결과이지, 어느 날 하늘에서 뚝 떨어지듯 저절로 주어진 것이 아니다.

소통의 부재는 수많은 문제를 불러일으킨다. 나누기만 해도 얼마든지 이해할 만한 일을 자기 식대로의 오해를 증폭시키고 있는 경우가 많다. 서로 나누지 않아 불통이 되는 이유는 다양하다. 상대방이 화를 낼까 봐, 상대방이 자신을 형편없이 취급할까 봐, 입을 열면 주체할 수 없을 정도로 많은 것을 쏟아낼까 봐, 말을 하지 않음으로써 권위를 유지하려고 등의 이유다. 어떤 이유에서 나누지 않는지는 개개인을 잘 살펴봐야 상세한 연유를 알 수 있다.

그중 상당수의 사람들이 소통하지 않는 이유로 꼽는 것이 '어떻게 말해야 할지 잘 모르기 때문'이다. 사람들과 협동하는 농경사회와는 달리 경쟁을 중시하는 정보사회에서 사람들은 충분히 대화할 시간을 갖지 못한 채 살아가고 있다. 그렇게 자란 사람들은 정작 말을 해야 할 상황에서 어떻게 해야 할지 몰라 당황하기 일쑤다. 겁을 내고 점점 사람을 피하거나, 부득이하게 말을 꺼냈을 때는 본인의 뜻과는 달리 엉뚱한 말을 하곤 한다.

말은 말하는 사람의 됨됨이, 품격, 정서 상태와 같은 것들을 나타내는 가장 강력한 지표다. 따라서 말을 의사소통의 기술만으로 보는 것은 적합하지 않고 그 이상의 정보나 의미를 지닌 것으로 봐야한다.

말이란 여러 가지 정보를 함유하고 있어서 유용한 단서 노릇을 하는데, 저절로 습득되는 것은 아니고 분명 익혀야 할 기술이라고 보는 것이 합당하다. 말이라는 것은 상대방과 나누는 것인 만큼 상대를 헤아려가며 말을 나눌 때 그 가치를 발휘하기 때문이다. 이렇게나 중요한 말을 평면적 차원에서 어떤 말이 더 좋은지 이해하려 할 때는 혼선이 생겨나기 쉽다. 말에도 위계적인 차원이 있다는 점을 알아 두면 좋다.

첫째, 가장 표피적인 차원의 말은 침묵을 깨거나 어색함을 탈피하기 위한 사교적 차원의 말이다. 가령 날씨에 관한 이야기나 인사말 등이다. 낯선 사람들 간에도 어색함을 깨기 위해 나눌 수 있는 말이 여기에 해당한다. 이것을 적재적소에 사용하면 예의 차원에서 매우 가치가 높다.

둘째, 대중적인 이슈나 제3자에 대한 이야기를 나누는 정도의 말이다. 사교적 차원에서 하는 아이스 브레이킹(ice breaking)보다 좀 더 자신의 취향이나 생각을 담은 말이다. 하지만 당사자 서로에 대한 이야기는 아니고 제3의 인물이나 사물에 대한 이야기로서 이러한 것은 서로를 이해하는 데 직접적인 도움을 주지는 못한다.

셋째, 더 깊이 있는 말은 서로에 대한 인지적 차원의 생각이나 견해를 나누는 것이다. 적어도 여기서는 제3의 인물이나 사물이 아니라 자기를 상대에게 알리거나 아니면 상대의 생각이나 입장을 알기 위한 수준의 대화다. 여기서 대화는 좀 더 개인적으로 다가가긴 했지만 여전히 논리적으로 다듬는 수준의 것이다.

넷째, 상호 이해를 하는 데 가장 좋은 수준의 대화는 서로의 기분이나 감정을 나누는 것으로써 앞선 것들보다 훨씬 개인적이고 친밀하다. 사람들은 이런 수준의 대화를 나눌 때 관계의 맛을 느끼며 풍요로움을 경험한다. 상담에서 감정을 강조하는 것도, 내담자가 자신의 기분이 어떤 것인지 잘 포착하고 나누면 그만큼 상대방의 기분에 대해서도 민감해진다고 보기 때문이다. 서로 기분을 나눌 때 더 이상 외롭거나 혼자라는 느낌을 떨쳐낼 수 있다.

다섯째, 더 깊은 최상의 수준은 말하지 않아도 통하는 이심전심의 단계다. 이것은 매우 특별한 것으로 일상생활에서 기대하기는 어렵다. 너무 고차원적이어서 일상생활에서 이런 것을 기대했다가는 도리어 해를 끼칠 수 있기 때문이다. 자칫하면 표현의 중요성을 삭감하는 것이므로 너무 섣불리 욕심을 내서는 안 된다.

상담에서는 바로 넷째, 즉 서로의 기분이나 감정을 나누도록 하는 대화에 역점을 둔다. 그것은 서로를 이해하고 서로에 대해 있는 그대로 수용하게 해주는 밑거름이 되기 때문이다.

현실에서는 자신의 개인적인 감정을 드러냈다가 자칫 보복이나 거부 또는 봉변을 당하게 될까 봐 두려워하는 사람들이 태반이다. 이런 내담자들에게는 안전한 대상인 상담자에게 일단 말하는 연습을 하도록 유도해야 한다. 적어도 상담자는 내담자를 이해하려고 만반의 준비를 하고 있는 사람이므로 내담자가 어느 정도 궤도에 오를 때까지 수용할 것이기 때문이다.

사람들은 자기도 모르게 습관적으로 상대방을 자극하거나 평가하는 식의 '너 전달법(you-message)'의 어법을 쓰는 편이다. 의외로 이런 사람이 많은데, 주의하지 않으면 평가하는 것처럼 들려서 갈등을 일으키기 쉽다. 사람들에게 자신의 감정을 묘사함으로써 분란을 피하는 '나 전달법(I-message)'을 알려주고 그것을 상담에서 익히도록 연습시킨다.

상담이라는 세팅된 환경에서는 상대방의 심정에 공감하는 연습을 할 수 있다. 내담자가 상담자에게서 이해받고 공감받는다는 것이 얼마나 좋은 경험인지 그 맛을 알면 자연스럽게 그런 것을 자기 것으로 만들고 싶어 할 것이기 때문이다. 나아가 자신도 다른 사람에게 이해하고 공감해 줄 수 있는 기초를 만들어갈 수 있다.

융복합의
가능성이 큰
상담

권위적이고 일방적이던 우리 사회에 자신의 이야기를 적극 공감해주며 지지를 보내는 심리상담이 처음엔 낯설었어도 신선한 충격을 던져주었다. 상담이 이제는 사람들에게 익숙한 도구로서 보편화하는 단계를 넘어, 수요와 공급의 균형이 깨질 정도로 수많은 사람들이 전공하고 있다. 학부보다는 규제가 적은 대학원에서 상담학과가 무더기로 신설된 탓이다.

어쨌거나 상담에 대한 관심이 높은 것은 반가운 일이다. 하지만 그것이 상담을 전문으로 공부하는 사람들의 밝은 직업 전망으로 이어지는 것은 아니다. 더구나 역량을 갖춘 상담자가 되려면 엄청나게 많은 돈과 에너지를 들여야 하기 때문에 결실을 맺기까지는 아득히 먼 일이다.

누가 상담 공부를 하겠다고 하면 나는 가장 먼저 그에게 목적하는 바가 무엇이냐고 묻는다. 만약 직업적인 상담자가 되려고 한다면 투자 대비 수익성이 떨어진다며 말리는 편이다. 그러나 포괄적인 차원에서 자신을 비롯해 사람을 이해하려고 공부하는 것이라면 나는 박수를 보낸다. 그런 차원에서는 이것보다 더 좋은 공부가 없다고 여긴다. 나는 상담 공부가 쓰임새가 많을 뿐만 아니라 자신의 성장을 도모하는 데도 으뜸이 되는 공부라고 믿는 까닭이다.

사람 심리를 이해하려는 목적의 상담 공부는 다양한 분야에 있어서 밑거름이 될 수 있다. 거의 모든 영역에서 성패를 가르는 결정적인 요인은 사람이기 때문이다. 가족 간의 일상생활이나 사회생활에서 원만하게 지내려면 사람에 대한 이해가 필수이고, 인문사회 계열의 영역에서도 기본 단위는 사람이다. 심지어 첨단과학에서도 사람에 대한 정교한 지식을 원한다. 이러한 점에서 심리상담 공부는 그 어떤 영역이나 분야에서도 밑거름이 될 수 있고, 융합해서 심화시키는 시너지를 발휘할 수 있다.

사람에 대한 이해는 깊으면 깊을수록, 또 넓으면 넓을수록 유익하다. 따라서 심리상담을 공부한 사람은 다른 어떤 분야에 가서도 성공할 확률이 높다고 본다. 종국에 가서는 어느 분야에서든 사람이 가장 중요한 요인이기 때문이다.

상담자는 나이들수록 유리하다

상담이라는 것은 부적응적인 상태를 적응적으로 되돌리는 작업인 만큼, 내담자가 호소하는 불편함 내지는 문제에 대해 상담자가 많이 알면 알수록 도움을 줄 수 있다. 따라서 상담자는 많은 경험을 할수록 유리하다. 다만, 상담자 자신이 쓰디쓴 고생이나 고통에 시달린 나머지 그것에서 자유롭지 못하다면 내담자를 도리어 더 불안하게 만들 수 있기 때문에 주의해야 한다. 만약 자신의 경험을 딛고 일어섰다면 내담자에게 폭넓고 깊이 있는 방향을 제시하거나 해결 방안을 모색해 줄 수 있다.

일각에서는 그렇다면 젊은 초보 상담자는 어떻게 하냐고 묻기도 한다. 상담에서 중요한 게 기술이나 기법이 아니라 경험이나 연륜이라면 초보 상담자는 상담을 하기가 어렵다는 게 아니냐는 반발이다. 그런데 어느 전문 영역이든 초보가 베테랑보다 잘하기는 힘든 것이 사실이다. 아무래도 경험이 적은 상담자일수록 불리한 게 사실이다. 그러한 까닭에 젊은 초보 상담자가 상담을 하고자 할 때는 적어도 보편적인 상식으로 무장하고 있어야 한다고 본다.

삶이란 살아내는 사람에 따라 너무도 각양각색으로 펼쳐진다. 사람마다 타고난 기질도 다르고, 처한 상황도 다르고, 그들이 느끼는 고통의 내용도 다르다. 새로운 시대를 살아가는 젊은 사람들에게는 그 시대에만 존재하는 나름의 특징적인 고통이 있을 수 있다. 젊은 상담자는 그러한 새로운 시대의 고통에 더욱 주목하면서 전문가로 성장해 가는 것이 바람직하지 않을까 생각해 본다.

상담자가 다루는 영역은 과거 어느 때보다 폭넓어졌다. 사람들은 정말이지 병증을 넘어서 일상생활의 갖가지 불안이나 문제를 상담자에게 호소한다. 그 폭을 감당하기 위해서는 정형화된 치료 기술이 아니라 상담자가 자신의 폭넓은 경험에 빗대어 조언을 하거나 도움을 줄 수 있어야 한다.

상담의 폭이 이렇게 넓어지다 보니 다른 분야와는 달리 상담 분야는 아무래도 경험을 많이 한 나이든 상담자가 활동하기 유리한 곳임에 틀림없다. 이런 의미의 확장으로 전공자들 사이에서는 "상담이란 귀가 들릴 때까지 할 수 있는 작업이다"라는 말도 심심찮게 들린다. 웃자고 한 말일 수도 있겠지만, 나는 그것이 상담자라는 직업이 가진 확실한 장점이라고 본다. 내담자 입장에서도 경험이 많은 상담자를 더 신뢰하며 선호하는 경향을 보이기 때문이다.

의학의 발전으로 우리는 평균수명 90세 시대를 향해 가고 있지만, 노년기의 건강한 활동이 보장되지 못한다면 긴 수명이 재앙이 될 수도 있다. 기계의 자동화와 IT 발달로 일자리가 급격하게 줄어드는 건 이미 정해진 일이다. 전 세계적으로 청년실업이 비극으로 등장했으며 이 마당에 기성세대는 일할 기회를 얻기는커녕 오히려 조기퇴직에 불안해하고 있다. 그러나 상담 분야는 다르다. 경험에 바탕을 두고 지혜를 필요로 하는 분야로서 오히려 나이 들수록 원숙함을 발휘할 수 있는 분야다. 실제로 우리 주변에는 80세 전후의 왕성한 활동을 하는 상담자들이 있다.

간접경험의
보고인
집단상담

상담에서 가장 보편화되어 있는 형태 중 하나가 집단상담인데, 여기에 참석한 사람들은 아주 다양한 경험을 한다.

일단 여러 사람들이 지켜보는 가운데 자신을 개방하며 자기 목소리 내는 연습을 한다. 모든 행위는 자신감과 연결되어 있다. 한두 사람도 아니고 여러 명이 바라보는 가운데 말을 하게 되므로 집단상담은 배포를 키우는 데 으뜸가는 연습장이다.

또 집단상담에서는 다른 사람이 말할 때 그것을 듣고 상대를 평가하게 될 뿐더러 동시에 자신의 태도나 행동이 다른 사람들에 비해 어떤 수준에 해당하는지 비교할 수 있다. 이런 비교 덕분에 자신을 발전시키려는 동기부여가 가능해진다. 그리고 다른 사람의 말을 좀 더 깊이 있게 듣는 방법을 적극적으로 익힐 수 있다.

다른 사람들에게 어떤 것이 환영받는 태도이고, 또 어떻게 할 경우 다른 사람들이 싫어하는지를 식별하는 기회를 집단상담은 제공한다. 다른 사람을 관찰하며 배우기도 하고, 자기가 했던 말이나 태도에 대한 피드백을 받고 터득하기 때문이다. 집단상담은 그렇게 다른 사람들과 함께 하는 몸짓을 배울 수 있는 사회화의 연습장이다.

이러한 특성을 지닌 집단상담이 제공하는 많은 장점 중에서도 가장 큰 것을 꼽자면 간접경험의 기회를 제공한다는 사실이다.

예전의 생활 형태가 전인적이었다면 오늘날의 생활 형태는 전문화를 향해 간다. 전문적인 지식이나 기능을 갖추어야 그나마 덜 고달프게 산다는 인식이 팽배해 있기 때문이다. 그러다 보니 어려서부터 좀 더 나은 전문 분야의 직업인이 되기 위해 매진하고 경쟁력을 갖추기에 급급하다. 모험을 하거나 호기심을 충족시키기 위해 다양한 경험을 하기에는 너무 바쁜 것이 현대인의 삶이다.

그래서 외형적으로는 복잡하거나 다양하게 비쳐도 실제의 생활은 의외로 단조롭게 이어진다. 정해진 틀 안에서 여유 없이 시계추처럼 살아야 하기 때문이다. 이러한 단조로움에 싫증을 느껴 간간이 취미활동에 열중하거나 주기적으로 여행을 떠나지만, 그것은 어디까지나 일시적인 해소 차원의 활동일 따름이다.

현대인들은 얼핏 자신만만해 보이지만 자신의 틀이나 반경에서 조금만 벗어나면 절벽을 내디디는 것처럼 깜깜해하기 일쑤다. 한정된 범위 내에서만 당당했지 그 범위 밖에서는 그야말로 '전문인 바보'의 모습이다. 그러나 삶이란 때와 장소에 따라 다양한 모습으로 유연하게 대응해야 원만하게 흘러간다. 그만큼 다양한 차원에서 갖추지 않으면 불편하게 마련이라는 것이다.

시계추처럼 단조롭게 살던 사람이 그것이 불편하다고 해서 이제와 이것저것 경험해 보겠다며 새삼스레 시장 바닥을 구를 수는 없다. 그렇다고 기존의 식대로 협소하게 지낼 수만은 없는 것이 안타까운 현실이다. 이런 단조로운 삶에서 집단상담은 인식의 폭을 넓힐 수 있는 절호의 기회를 제공한다. 집단상담에는 각계각층의 사람들이 참여해 하나의 작은 사회를 구성하기 때문이다. 연령대도 다양할 뿐만 아니라 직업도 각각 다르고 쏟아내는 애환도 각양각색이다. 그 때문에 그들의 이야기에 깊이 젖어들면 그만큼 간접경험을 하게 되고, 이로써 인식의 폭을 넓힐 수 있는 절호의 기회를 맞이한다.

자신을 향해 누군가가 지적을 하면 방어하거나 저항하느라 어느 누구라도 객관적인 눈을 갖기 어렵다. 그러나 다른 사람이 지적받는 것을 보면 쉽게 수긍하기 마련이다. 집단상담에서는 간혹 자기도 지적받는 사람과 유사하다는 사실을 깨닫고, 누가 뭐라고 하기도 전에 자신의 문제점을 깨닫는 경우가 많다. 다른 사람들을 관찰하면서 자신의 문제점을 아무런 저항 없이 알아차려, 누가 알세라 재빨리 개선하기도 한다.

짧은 시간 내에 다양한 사람들의 삶에 깊이 동참하고 엿보는 기회가 되는 집단상담은 그야말로 사람들을 성장시키는 간접경험의 보고라고 볼 수 있다.

상담자란 직업은 곧 성장의 기회

학교에서 다른 분야의 교수 연구실에 가보면 책들이 산더미처럼 쌓여 있는 것을 목격하곤 한다. 본인이 필요해서 직접 사거나 살펴보는 책들도 많고, 아는 저자나 출판사에서 신간서적을 보내오기도 하기 때문이다. 학문이란 늘 새로운 것을 찾아내는 것으로 교수들은 늘 새로운 정보 속에 살기 마련이다.

그러나 다른 교수들에 비해 내 연구실은 비교적 단출하다. 상담 분야에도 새로운 정보를 담은 책들이 무수히 쏟아져 나오지만, 새로운 책이라 해서 이전 것보다 더 낫다고 보기는 어렵다고 생각한다. 나는 아주 좋은 책이라고 정평이 나 있는 것 외에는 그리 새로운 책을 필요로 하지 않는다. 특히 상담은 책을 통해 얻는 지식보다 경험에서 취득한 안목이나 기준을 많이 필요로 하는 분야인 까닭이다.

상담 성과는 상담자의 수준에 비례해 나타난다는 말이 있다. 아무리 상담 기술이나 기법을 능숙하게 다루어도 상담자 자신이 성숙하지 않으면 성과를 내는 데 한계가 있다는 말이다. 상담자를 양성할 때는 다양한 이론이나 기법을 가르치지만, 그것은 기본적인 소양에 불과할 뿐 상담자의 성숙을 능가하는 것은 아니다.

상담자는 기본적인 소양 이상으로 자신의 능력과 품성이 갖춰져 있어야 한다. 상담자 자신이 제대로 균형을 잡고 있어야 내담자를 치우치지 않게 살펴볼 수 있으며, 내담자의 요구에 끌려다니지 않을 수 있고, 내담자를 절절한 방향으로 안내할 수 있다. 이런 까닭에 상담 분야에서는 전문가가 되고 나서도 부단히 자신의 성장을 위해 노력하지 않으면 안 된다. 자신의 성장만큼 내담자를 도울 수 있기 때문이다.

일부에서는 상담 공부는 아무리 해도 끝이 없다며 회의감을 내비치기도 한다. 공부를 많이 했다고 좋은 상담자가 되는 것은 아니기 때문에 가성비가 좋지 않다고까지 말하는 것이다. 하지만 그러한 어려운 점이 있어도 상담 분야는 다른 분야에서 찾아보기 어려울 정도로 직업적 성취와 인격적 성장이 동반되는 분야다.

그 때문에 투자 대비 성과가 그리 낙관적이지 않아도 많은 사람들이 상담 공부를 하는 것이 아닐까 싶다. 자기를 이해하고 남을 이해하는 차원을 넘어서 종국적으로는 자신의 성장을 이룩하기 때문이다.

다른 분야의 교수들은 퇴임을 한 다음에도 전공을 이어가는 경우는 그리 많지 않다. 하지만 상담 분야의 교수들은 본인이 원할 경우 전문 활동을 이어갈 수 있다. 처음부터 상담자로 활동했다면 퇴임과 같은 연령에 제한을 받지 않고 계속 활동할 수 있는 게 사실이다. 오히려 상담은 연륜이나 경험이 쌓일수록 빛을 발하는 영역이기 때문에 퇴임 후 노령에서 장점이 더 크게 발휘된다고 보는 것이다.

직업이 곧 인품을 갖추는 도구가 된다는 사실 때문에 상담 분야는 다른 분야에서는 찾아볼 수 없는 독특한 매력을 가졌음에 틀림없다. 이것이야 말로 상담이 지닌 가장 큰 매력 중의 하나 일 것이다.

현실역동상담, 종합예술이라 부른다

헤인상담심리연구소 박수영 소장

나는 몸소 현실역동상담을 겪고 배우며 현장에서 현실역동상담을 하고 있다고 자부한다. 장성숙 교수님과 철쭉님의 지도 하에 현실역동상담을 익혀온 지 벌써 20년이 다 되어 간다. 대학원 과정에서 많은 상담 이론들을 접했지만 나는 현실역동상담에 깊이 매료되었다. 그 이유는 피상적이고 화려한 말잔치가 아니라 냉엄한 현실을 눈앞에 던져주는 '직면'의 힘, 적확한 공감의 후련함, 그리고 철저하게 살아 있는 현재를 다룬다는 것 때문이다.

현실역동상담의 진수는 직면에 있다. 직면에 대해 '상처를 준다'는 논란은 오래전부터 지속되어 오긴 했다. 그러나 대학생 시절, 상담이 뭔지도 모르고 실습 차원에서 접한 현실역동 집단상담에서 직면을 처음으로 경험한 나는 생각이 달랐다. 직면의 순간이 아프지 않았던 것은 아니다. 그러나 내가 몰랐던 나의 이면을 직면한 순간 너무 놀라웠고 부끄러웠으며 그래서 가만히 있을 수 없었다. 내 껍데기를 벗어던지고 싶었다. 부끄러움은 성장을 위한 무섭고 강력한 채찍이자 원동력이었다.

우리는 종종 자신의 성장과 발전을 위해 많은 고통과 고생을 감수한다. 직면이 변화를 위한 가장 효과적인 지름길이라고 단언하고 그것을 보장해 준다면, 변화를 간절히 원하는 내담자 입장에서 직면을 거부하지는 않을 것이다.

나의 한 내담자는 의존적인 태도로 모성애를 자극하며 거짓말이 일상인 허언증 직장 동료를 사랑했다. 그 사람의 실체를 알고 나서 마음을 접어야 했지만 그게 뜻대로 되지 않아 고전하고 있었다. 내담자 아가씨는 가난과 부모의 가정 폭력 하에서 자라 자신감 없이 외롭게 성장해 왔다. 그런 그녀에게 자상하게 다가온 그 남자는 처음으로 자신에게 호의와 배려를 베풀어준 대상이었고 그녀를 흔들어놓았다. 그래도 순간순간 그의 진심을 보았다고 믿으며 좀처럼 마음을 냉정하게 잡지 못했다.

내담자는 이건 아닌 줄 알면서도 마음이 요동치는 것을 어떻게 다잡아야 하는지 물었다. 나는 아무리 배고파도 떨어진 걸 주워먹으면 되겠냐고 일갈했고 순간 그녀는 얼굴을 붉혔다. 마음속의 미련과 아쉬움은 그 남자에 대한 사랑이 아니라 본인이 가지고 있는 외로움이라는 것을 일깨우며 마음이 흔들릴 때마다 떨어진 음식을 보면서 탐을 내는 자신의 모습, 자신의 허기짐을 직시하라고 조언했다. 그제서야 내담자는 눈물을 그치고 마음을 다잡고 놀아섰다. 그리고 이후 내담자는 나에게 "자기 식대로 공감해 주던 다른 상담자보다 차라리 정확하게 상황을 이해하고 제대로 보게 도와주는 게 더 큰 도움이 되었다"고 얘기했다.

상담에서 공감만큼 강력한 무기는 없다. 나 역시 5년여 기간 동안 장성숙 교수님께 교육분석을 받으면서 가장 인상적인 순간을 떠올려보라고 하면, 직면의 순간이 아니라 정확한 공감을 받았을 때였다. 그 순간 그 위로의 힘을 잊을 수 없다. 그런데 공감의 순간이 나에게 잊을 수 없는 치유의 순간이 될 수 있었던 것은 그 적확함에 있었다. 마치 아껴두었다가 때가 무르익어 나의 감정과 그 표현이 선명해진 순간, 한 마디의 어루만짐으로 스르르 마음이 녹아내리는 기분이었다. 이해받았다는 위안과 함께 그 공감은 내 감정을 내가 책임있게 표현했고 얻어냈다는 자신감이었다. 정확한 때에 정확한 공감은 그 위력이 대단했다.

공감은 있는 그대로의 자신을 수용하는 계기가 된다. 처음엔 상담자에게 이해받았다는 위안이 크지만, 결국 자신의 민낯을 마주하게 되고 그런 자기 모습을 스스로 받아들여주지 못했다는 사실을 깨닫게 된다. 그리고는 더 이상 상담자의 공감과 이해가 필요하기보다, 스스로 자신의 부족한 모습에 그대로 충분히 머무를 수 있는 것이 자유이자 독립임을 깨닫게 되는 것이다. 그래서 나는 상담자가 가장 아끼고 공들여야 하는 순간은 공감의 순간이어야 한다고 생각한다.

혹자는 현실역동상담이 상담자의 어른 역할을 강조하면서 내담자를 의존적으로 만드는 것이 아니냐는 우려를 표하기도 한다. 하지만 오히려 번번이 상담자에게 감정을 공감받고 이해받으려고 한다면 그것이야말로 진짜 심리적인 의존이라 생각한다.

우리는 늘 자문과 정보를 구한다. 그게 네이버가 됐든 선배나 친구가 됐든 말이다. 만약 그 대상이 상담자라면 갑자기 의존적으로 되는 것일까. 상담자의 눈을 통해 상식의 기준을 습득하는 것은 학습과 같다. 우리는 평생 학습을 하며 살고 있지 않은가.

현실역동상담 이론은 과거가 현재를 압도할 수 없다고 한다. 다시 말해서 과거의 역동은 현재의 불만과 불안을 틈타 활성화된다는 것이다. 그러므로 현실에 초점을 맞추고 현재에 살아 있는 진짜 문제를 다루는 것이 훨씬 효율적이고 효과적이라고 보고 있다. 나는 이 사실에 대해 매우 깊은 신뢰를 가지고 있다.

얼마 전 나는 주의력결핍과잉행동장애(ADHD) 청소년을 상담했다. 아이는 충동적인 분노 표출 때문에 가족 내에서 문제를 일으키기 일쑤였고, 상담자인 나에게도 여과 없이 분노를 드러냈다. 그러나 놀랍게도 이 아이가 학교에서 친구와 갈등 관계에 있을 때, 자신에게 불이익이 생길 것 같다고 판단되는 경우에는 본능적으로 그 자리를 피한다는 사실을 알았다. 상대의 입장을 이해하는 사고의 유연함을 발휘해서가 아니라 또래 압력에 대한 두려움 때문에 자신의 분노를 참는다는 것이 새삼 놀라웠다.

그렇다. 어찌 보면 우리는 본능적으로, 반사적으로 현재의 안전과 이점에 반응한다. 내담자 문제의 원인이 되는 과거에 함몰되는 오류로 인해 '현재' 내담자가 가지는 잠재적 능력을 간과하는 것은 매우 아쉬운 일이다. 내담자의 문제와 변화 방향을 살아 있는 '현재'에서 찾는 것은 매우 통쾌하고 역동적이며 희망적이다. 그래서 나는 현실역동상담을 추종한다. 직면과 공감의 예술적 균형, 그리고 현재를 무한한 변화와 잠재력의 장으로 이끄는 현실역동상담은 가히 종합예술이라 부를 만하다.

상담자의 길을
걸으며 맞는 심경

언제부터인가 사람들의 애환을 다뤄주는 일을 상담이라는 이름 아래 내가 하고 있다는 사실에 스스로 감동을 받은 적이 있다. 사람들은 자라면서 무엇이든 다 할 수 있을 것처럼 꿈을 꾸며 사회로 나가는데, 실제로는 꿈을 꾼 만큼 좌절하고 실망하게 마련이다. 오죽하면 젊어서는 용기를 부리고, 나이가 들면 겸손을 배운다고 했겠는가.

사람으로 태어나 무엇이든 다 이룰 수 있으리라 한껏 고양되다가 거품이 빠지듯 좌절하는 과정을 거의 모든 사람이 겪는 것 같다. 예전에도 그랬고, 현재도 그런 모습으로 살고 있고, 아마 미래에도 그렇게 하지 않을까 싶다.

예전에는 석가모니나 예수님 같은 성현들을 의왕(醫王)이라 부르기도 하였단다. 심신에 병이 들었던 사람들이 간절한 심정으로 그분들을 찾아갔을 때, 그분들은 자신을 찾아온 이들을 병들게 한 요인이 어떤 것인지 정확하게 간파했을 뿐만 아니라 그들에게 필요한 것이 어떤 것인지 알고 그것을 행함으로써 병을 낳게 했기 때문이다. 궁극적으로는 진리를 설파하는 것에 최우선 순위를 두었겠지만, 심신에 병이 들어 도움을 청하는 자에게는 언제든지 필요한 도움을 주었던 분들이다.

오늘날 상담자들이 바로 그러한 역할을 떠맡고 있다. 예전에는 성현이나 현자를 찾아가 도움을 청했고, 그렇지 않으면 마을의 어른이나 집안의 어른에게 여쭙는 과정을 통해 많은 사람들이 안정을 찾았다. 하지만 시대는 많이 변했다. 유물론에 입각한 과학의 발달과 욕망을 부추기는 자본주의가 만연한 세상에서 사람들은 더 이상 예전처럼 진지해지는 것을 부담스러워 하고 있다.

뿐만 아니라 거의 모든 게 분업화되어 있는 오늘날, 누구나 다 바쁘게 살아가는 탓에 예전처럼 낙낙하게 사람을 만나기가 어렵다. 더구나 개인주의적 가치가 사회 전반에 팽배해 있기 때문에 마음놓고 누구를 방문하기도 어렵다. 이런 상황에서 몸이 아프면 병원의 의사를 찾아가듯 불안하거나 걱정거리가 생기면 상담자를 찾아간다.

시대의 흐름 속에서 자신도 모르게 막중한 위치에 놓이게 된 상담자들은 부담스럽기로 말하자면 한없이 부담을 느낄 수도 있고, 그 반대로 여기자면 한없이 보람 있고 설레는 일이 아닐 수 없다. 성현들이 하던 일들 중 한 부분, 특히 어려움에 지친 자들을 품어주어 다시금 반듯하게 일어서도록 해주는 일을 한다니 예삿일이 아니다. 상담이 그토록 막중한 일이라는 것을 알고 공부를 했든 아니면 하다 보니 그런 일을 떠맡게 됐든 여하튼 대단한 일을 하는 것임에는 틀림없다.

상담자에게 상담은 직업과 성장의 합치점을 보여주는 것이며, 상담자가 내담자에게 얼마나 영향을 미치느냐 하는 것은 상담자의 깊이에 달려 있다고 본다. 상담자가 성현들처럼 어느 수준에 이르렀으면 그가 하는 말은 감화력을 발휘할 것이기 때문이다. 이런 면에서 상담자는 예전에 성현들이 했던 일을 떠맡았을 뿐만 아니라 실질적인 조언을 해주어야 하는 위치에 놓인 사람들이다. 이런 점을 되새기며 옷깃을 여미지 않을 수 없다. 내담자를 돕기 위해 출발한 길일지라도 종국에는 자신을 위한 것이니, 상담자로서의 길은 정말 엄청난 무게를 지니고 있다.

장성숙

성심여자대학 영문학과 학사

고려대학교 대학원 심리학과 석사

고려대학교 대학원 박사과정 수료

미국 Ohio 주립대학교 Ph.D.(박사)

가톨릭대학교 상담심리대학원 원장

현) 가톨릭대학교 심리학과 교수

〈주요연구〉

한국인의 특성에 적합한 상담접근 개발('현실역동상담' 제안)

〈주요 저서 및 역서〉

한국인의 심리상담 이야기(저, 학지사, 2010)

최신 집단정신치료의 이론과 실제(I. Yalom 번역, 하나의학사, 2008)

그래도 사람이 좋다(저, 나무생각, 2001)

무엇이 사람보다 소중하리(저, 나무생각, 2003)

사람에겐 사람이 필요하다(저, 더난출판사, 2013) 외 다수

심리상담의 虛와 實 -노교수가 바라본 한국 상담계의 현실

2018년 8월 30일 1판 1쇄 발행
2022년 2월 10일 1판 3쇄 발행

지은이 • 장 성 숙
펴낸이 • 김 진 환
펴낸곳 • (주) **학지사**

　　　　04031 서울특별시 마포구 양화로 15길 20 마인드월드빌딩 5층
대표전화 • 02) 330-5114　　팩스 • 02) 324-2345
등록번호 • 제313-2006-000265호
홈페이지 • http://www.hakjisa.co.kr
페이스북 • https://www.facebook.com/hakjisabook

ISBN 978-89-997-1605-8　03180

정가 13,000원

이 도서의 국립중앙도서관 출판시도서목록(CIP)은 서지정보유통지원시스템
홈페이지(http://seoji.nl.go.kr)와 국가자료공동목록시스템(http://www.nl.go.kr/kolisnet)
에서 이용하실 수 있습니다.
(CIP제어번호: CIP2018024317)

출판 · 교육 · 미디어기업 **학지사**

간호보건의학출판 **학지사메디컬** www.hakjisamd.co.kr
심리검사연구소 **인싸이트** www.inpsyt.co.kr
학술논문서비스 **뉴논문** www.newnonmun.com
원격교육연수원 **카운피아** www.counpia.com